Jürgen Ebach
Kassandra und Jona
Gegen die Macht des Schicksals

Jürgen Ebach

Kassandra und Jona

Gegen die Macht des Schicksals

athenäum

CIP-Kurztitelaufnahme der Deutschen Bibliothek

Ebach, Jürgen:
Kassandra und Jona: Gegen d. Macht d. Schicksals/Jürgen Ebach. –
Frankfurt am Main: Athenäum, 1987.
ISBN 3-610-09105-3

© 1987 Athenäum Verlag, Frankfurt am Main
Umschlaggestaltung: Lochmann's Studio, Frankfurt am Main
Umschlagmotiv: Pieter Brueghel, Turmbau zu Babel
Satz: Computersatz Bonn GmbH, Bonn
Druck und Bindung: Bercker, Graphischer Betrieb GmbH, Kevelaer
Printed in West Germany
ISBN 3-610-09105-3

Alle Essayisten müssen, um interessant zu scheinen, bis zu gewissen schicklichen Grenzen aufschneiden. Dies gehört zur Berufsausübung, die nicht von jedem Beliebigen verstanden werden kann.

(Robert Walser, Brief an Th. Breitbach, Dez. 1928)

Aber Jona irrt auch tüchtig und rennt sich mutig den Kopf ein.

(Martin Luther, Jonaauslegung, 1526)

Inhalt

Einleitung

Sobald der Prophet Jona der auf Gewalt gegründeten großen Stadt
Ninive den Untergang angesagt hat – »Noch 40 Tage, und Ninive
ist zusammengebrochen!« (Jona 3,4) –, kehren die Niniviten, wie
das Jonabuch erzählt, von ihrem bösen Tun und ihrer Gewalt um.
Die biblische Geschichte enthält im Gewand der märchenhaften
Erzählung eine Fülle theologischer, philosophischer und nicht zuletzt praktisch-politischer Probleme. Diese Geschichte *gibt zu denken*. Sie führt, spannend erzählend, hinein in die Spannung zwischen Liebe *und* Gerechtigkeit, und sie weist einen Weg, wie
Wahrheit *und* Hoffnung, Erkenntnis *und* Leben zusammengehen
können.

Die vielleicht märchenhafteste Stelle der Jonaerzählung, mär-
chenhafter womöglich als die berühmte vom Fisch, der den Jona
verschlang und nach drei Tagen wieder ausspie, ist die von der
Umkehr der Stadt Ninive. Wo die Geschichte kontrafaktische Realität erzählend hervorruft, wo sie ganz und gar Unwahrscheinli-
ches, die Abkehr der Mächtigen von den Strukturen der Gewalt,
wirklich geschehen läßt, da sind Märchen und politische Aktualität
am nächsten zusammen. Das prophetische Wort Jonas, das den
Untergang bedingungslos angesagt hatte (kein: ... wenn ihr euch
nicht ändert ..., sondern *Untergangsansage* ohne jedes Wenn und
Aber), wurde für Ninive zum Beginn der *Rettung.*

Die Niniviten hielten das Wort, das Jona im Auftrag Gottes
sprach, für eine wahre Prophezeiung – wie sonst hätten sie es zum
Grund nehmen sollen, sich von ihrer Gewalt abzukehren? Sie hielten aber zugleich das wahre Wort des Propheten nicht für das letzte
Wort Gottes – wie sonst hätten sie auf eine Chance der Umkehr
setzen können? Die Gewißheit des bevorstehenden Untergangs als
Folge vielfacher Gewalt *und* die Hoffnung, daß noch abwendbar
sein könnte, was zuverlässig angesagt ist, verbindet die Bewohner
der reichen Industrieländer des Nordens der Erde mit den Niniviten des Jonabuches. Wir wissen nur zu gut, daß die Fortsetzung der
Zerstörung der Lebenswelt dem Leben der Menschen auf der gan-

zen Erde in nicht langer Zeit ein Ende setzen wird. Die gigantische Rüstung mit dem rapide anwachsenden Zerstörungspotential und der gleichzeitig wachsenden Wahrscheinlichkeit eines allesvernichtenden Krieges (sei es als Folge der wechselseitigen Drohpolitik, sei es als Folge eines technischen Fehlers), über die Rüstung hinaus eine Hochtechnologie, die nur dann nicht tödlich wäre, wenn es gelänge, den fehlerlosen, den »sündlosen« Menschen zu züchten (eine Horrorvorstellung innerhalb des Schreckensbildes!), die Zerstörung der Natur, ja buchstäblich die Vernichtung der Atemluft — wir kennen das alles und erfahren es täglich neu.

Es fehlt uns nicht an »Propheten«, die uns die Folgen dieses Tuns vor Augen stellen. Immer mehr Menschen begreifen, daß eine Umkehr, eine Abkehr von der Gewalt notwendig ist. Wie die Niniviten, die Jonas Wort gehört haben, können wir nur hoffen, daß noch wendbar sei, was als unwendbar erscheinen muß. Wie die Niniviten hoffen wir, daß es »vielleicht« noch eine Rettung geben könnte, wenn wir umkehren. Was aber ist das für ein »vielleicht«, was für ein »wer weiß?«, wie es die Leute von Ninive (Jona 3,9) sagen? Wie real ist die winzige Chance, und wo liegt ihr »Grund«?

Auch Analytiker wie Hoimar v. Ditfurth, Robert Jungk, selbst Günther Anders lassen in ihren »Prophezeiungen« je auf ihre Weise noch ein »vielleicht«, ein »wer weiß?« zu. Alles hängt aber davon ab, welchen Stellenwert dieses »vielleicht« hat. Bezeichnet es achselzuckend einen Rest, die immerhin zugestandene Möglichkeit des Irrtums, des Analysefehlers? Dann handelt es sich um eine *»Resthoffnung«,* so wie die Macher bei der Herstellung von Sicherheit ein »Restrisiko« einkalkulieren. Oder ist das »wer weiß?«, das winzige »vielleicht« eine *»Basishoffnung«?* Dann kann dieses »vielleicht« zur Basis der Praxis werden.

Das alttestamentliche Wort für »glauben« bedeutet nicht »etwas für wahr halten, das man nicht beweisen kann«, bedeutet auch nicht »etwas gegen das Wissen akzeptieren«. »Glauben« heißt »sich festmachen an«, »stehen auf«. Kann man auf einem »vielleicht« stehen? Im Jonabuch ist es das »vielleicht« der Umkehr Gottes als Folge der Umkehr Ninives. Auch im Jonabuch gibt es für diese Hoffnung Ninives keine Garantie. Nicht verbürgt ist den Niniviten, daß ihre Umkehr die Umkehr Gottes zur Folge haben werde. Wohl aber wissen sie, daß es ohne ihre eigene Umkehr kein solches »vielleicht« geben wird. Deshalb ist ihnen das »wer weiß?« nicht der Rest einer Subtraktion von Möglichkeit und Wahrscheinlichkeit, sondern das Wort, das Möglichkeit und Praxis zusammenbringt. Diese Praxis aber, die faktische Umkehr, die Absage an die Gewalt, geschieht gerade *nicht* »vielleicht«.

Die in den verschiedenen Zugangsweisen dieses Buches vorgelegte Auslegung des Jonabuches bildet eine Konfiguration. Konfiguriert werden — ausgehend von einem Zitat aus Ernst Blochs »Prinzip Hoffnung« — der biblische Prophet *Jona* und die trojanische Seherin *Kassandra*. Dabei geht es sowohl um die Kassandra der griechischen Literatur und Mythologie als auch um die Kassandra der Erzählung von Christa Wolf.

Ist Kassandra die Seherin, die unweigerlich sieht und sagt, was geschehen wird, und der — ebenso unweigerlich — niemand glaubt, so ist Jona ein Prophet, der gehört wird und der gerade dadurch zum falschen Propheten wird. Jonas Untergangsansage an Ninive hat zur Folge, daß Ninive *nicht* untergeht. Kassandra leidet daran, daß ihre Worte ungehört bleiben, Jona daran, daß seine Worte gehört werden und daß er gerade deshalb gesagt hat, was nicht eintrifft. Das aber kann Jona nicht ertragen. Ihm liegt an der Zuverlässigkeit seiner Worte und mehr noch an der Zuverlässigkeit des Gottes, in dessen Namen und Auftrag er redet, so viel, daß ihm die Wahrheit wichtiger ist als das Leben. Um der Gerechtigkeit willen will er lieber den Untergang Ninives als die lebensrettende Wirkung seiner Worte; um der Stimmigkeit seiner Theologie willen will er lieber selbst sterben als in der Zweideutigkeit leben.

Das Jonabuch endet mit einer offenen Frage. Kann Jona die Frage beantworten? Kann er aus der Antwort Konsequenzen ziehen? Kann er nun erkennen, warum er als falscher Prophet ein wahrer Prophet war? Kann er seinen Unterschied zu Kassandra verstehen? Das sind Fragen, die sich vom Schluß des Jonabuches her an die biblische Geschichte richten; das sind aber zugleich Fragen, die *uns* zu einer Antwort auffordern. Was heißt heute Prophetie; was wäre heute *wahre* (und nicht bloß *richtige*) Prophetie? Wie gehen heute Einsicht und Hoffnung, Wahrheit und Leben zusammen?

Die Konfiguration zwischen Jona und Kassandra ist eine Form der Erinnerung im Augenblick einer Gefahr. Die Konfiguration zwischen Jona und Kassandra ist zugleich eine zwischen der Erinnerung an jene verschiedenen und komplementären Sehergestalten und unserer Gegenwart. Soll es in der Konstellation zwischen Vergangenem und Gegenwärtigem um mehr gehen als um einen Vergleich und um mehr als eine Quintessenz, eine Nutzanwendung der alten Geschichten für unseren Gebrauch, nämlich um eine Weise der Erinnerung, die von der Gegenwart erhellt ist und die Gegenwart erhellt, und eine Weise der Wahrnehmung der Gegenwart, die die Vergangenheit erhellt und von ihr erhellt wird, dann bedarf es einer methodologischen Reflexion des Verfahrens der Konfiguration. Diese Reflexion findet sich im letzten Kapitel des Buches. Zur Debatte steht dort die Konfiguration als eine Weise, Erinnerung und gegenwärtige Wahrnehmung zu verknüpfen, vor allem aber die Konfiguration als *eine* Form der Exegese. Zur Debatte steht zugleich die Darstellungs*form*, die konfigurative Verbindung eines Essays mit einer großen Zahl von Knüpfungen. Diese Form folgt nicht dem Postulat des »roten Fadens«, sie ist vielmehr ausgerichtet am Bild des geknüpften Teppichs, des Gewebes, des »Textes«. In der Verbindung von »Text« und Methodenkapitel wird deutlich, warum es sich um eine Form des Textes handelt, die dem Erzählten und Erinnerten selbst entspricht. Wird das Methodenkapitel der durchgeführten Konfiguration *nachgeliefert*, so empfiehlt es sich, einige Hinweise zur äußeren Gestaltung und zu verschiedenen Lektüreweisen *voranzustellen*.

Der Haupttext dieses Buches ist »Ein Essay mit Knüpfungen«. Der Essaytext ist in größerem Schriftsatz jeweils auf den rechten Seiten bzw. deren oberem Teil abgedruckt. Im Essaytext finden sich einzelne Worte oder Satzteile, die in Großbuchstaben gesetzt sind. Sie markieren eine »Knüpfung« und kehren in den Texten der linken Seiten, die sich auf dem unteren Teil der rechten Seiten fortsetzen, wieder. Die so herausgehobenen Worte des Essays fungieren in den »Knüpfungen« (formal Anmerkungsziffern vergleichbar) als eine Art Überschrift.

Die auf diese Weise mit dem Haupttext verbundenen »Knüpfungen« bestehen aus heterogenen Texten. Sie enthalten Belege, Literaturhinweise, sind aber in den meisten Fällen eigenständige Kommentare, Kontexte, Kontroversen. Zwischen dem »Essay« und den »Knüpfungen« entsteht der Text der Kassandra-Jona-Konfiguration, ein »Text«, dessen Aufbau weniger dem »roten Faden« folgt als der Struktur eines Gewebes, eines Flickenteppichs. Die Form der Darstellung entspricht, wie das abschließende Methodenkapitel begründet, ihren Inhalten.

Mit dieser Druckform, für deren Ermöglichung ich den Verantwortlichen und den Mitarbeitern des Athenäum-Verlags herzlich danke, verbinden sich verschiedene Lektüremöglichkeiten. Der Essaytext ist für sich lesbar. Er bedarf der »Knüpfungen« nicht, um verständlich zu sein. Die »Knüpfungen« begründen ihn nicht, sondern erweitern ihn. Einige der »Knüpfungen« verteilen die Gewichte neu. Sie nehmen im Essaytext Marginales auf und stellen es ins Zentrum einer neuen Überlegung. Sie verknüpfen die Überlieferungen von Kassandra und Jona mit anderen »Texten«, für die nun der Essay über Kassandra und Jona zum Kontext, zur »Knüpfung« wird.

Der so entstehende Text ist unabgeschlossen. Wenn der Autor einen Wunsch frei hätte, so wünschte er sich Leser, die sich jeweils eine weitere Seite hinzudächten oder -nähmen, um ihre eigenen »Knüpfungen« zu notieren.

Erkennbarer als bei der Benutzung von Anmerkungsziffern soll die Korrespondenz von Verweisstichwörtern zwischen »Essay« und »Knüpfungen« einen ersten Hinweis auf Art und Thema der Verbindung liefern. Der Leser möge bei der Lektüre des »Haupttextes« jeweils für sich entscheiden, ob ihn an dieser Stelle eine weitere Überlegung zu diesen Stichwörtern interessiert. Wie der Essaytext sind auch die meisten der »Knüpfungen« für sich lesbar, so daß eine fortlaufend parallele Lektüre von Essay und »Knüpfungen« nur eine Leseweise ist.

Ein Einstieg ist ebenso beim Methodenkapitel denkbar. Es ist ans Ende des Buches gesetzt, um nicht die Lektüre von vornherein auf die methodologischen Fragestellungen einer »konfigurativen Exegese« einzugrenzen. Was eine solche Exegese »leisten« kann, wo sie die »historisch-kritische Methode« der Bibelexegese aufhebt, indem sie deren unverzichtbare Fragestellungen und Ergebnisse verarbeitet, ohne freilich die Rekonstruktion des *Entstehens* eines (biblischen) Textes mit seinem *Verstehen* zu verwechseln, das kann letztlich keine methodologische Reflexion erweisen, sondern nur die Auslegung selbst.

Im Anschluß an den »Essay mit Knüpfungen« wird *eine* Verknüpfung näher ausgeführt, die Verbindung der Jonageschichte der Bibel mit dem Jonabild, das Michelangelo an die Decke der Sixtinischen Kapelle malte. Dieses Kapitel ist wie das an- und abschließende Methodenkapitel in gewohnter Weise als Text mit Anmerkungen gesetzt.

Geglückt ist die Form von Text und Druck, wenn die Ungewohntheit des Lesens solcher Texte durch eine Vielfalt von Lesemöglichkeiten und Blickweisen entgolten wird. Eine Weise, mit den unterschiedlichen und die Leser in unterschiedlichem Maße interessierenden »Knüpfungen« zu verfahren, nennt Klemens von Alexandrien, ein »Ahnherr« sowohl der Essayform als auch der »Knüpfungen«. Die Aufforderung, die Klemens dem Leser seiner »Teppiche« mit auf den Weg gibt, ist den »Knüpfungen« als Motto vorangestellt.

Bochum/Paderborn, Sommer 1987   Jürgen Ebach

Kassandra und Jona

Ein Essay mit Knüpfungen

Knüpfungen

»So bringen denn auch unsere ›Teppiche‹, um
mit den Worten des Bauern bei dem Lustspiel-
dichter Timokles zu sprechen, ›frische Feigen,
Öl, getrocknete Feigen, Honig‹ herbei …
Man muß daher das Gemenge von vielerlei Samen, wie man es bei den Futterschwingen
macht, oft hin und her schütteln und in die
Höhe werfen und so den Weizen auslesen.«

(Klemens von Alexandrien, *Teppiche IV*, 7,1.4)

Zu BLOCHS BIBELLEKTÜRE vgl. F. Gradl, *Ein Atheist liest die Bibel.
Ernst Bloch und das Alte Testament*, BET 12, Frankfurt a. M. 1979; zur
Bedeutung Blochs für die Theologie insgesamt H. Deuser, P. Steinacker
(Hg.), *Ernst Blochs Vermittlungen zur Theologie*, München/Mainz 1983
(mit ausführlichem Literaturverzeichnis). Vgl. ferner B. Schmidt (Hg.) *Ma-
terialien zu Ernst Blochs »Prinzip Hoffnung«*, Frankfurt a. M. 1978; *Ernst
Bloch*, hg. v. H. L. Arnold, Text + Kritik Sonderband, München 1985; B.
Schmidt (Hg.), *Ernst Bloch*, Samml. Metzler 222, Stuttgart 1985 (jeweils
mit umfangreichen Bibliographien).

Im Zusammenhang der Konstellationen: Jona-Ninive, konträr dazu:
Abraham-Sodom und der jeweils gestellten Frage nach dem Verhältnis
zwischen ›dem einen und den vielen‹ (Gerechten und Ungerechten − von
den »mehr als 120 000 in Ninive bis zu den »50«, »45«, »40«, »30«, »20«,
nur noch und nicht einmal »10« in Sodom und dem je einen Bittenden
bzw. dem einen Unerbittlichen) steht − quer zu allem − eine der wunder-
lichbarsten Geschichten, die Bloch erzählt, nämlich die vom Bauern Li in
den »Spuren« *(GA 1, 121 ff.)*, das erste von drei »Motive(n) der Verborgenheit«. Sie soll hier weder nacherzählt noch auf eine Quintessenz verkürzt dargestellt, dafür umso mehr der Lektüre empfohlen werden. Und
was die dritte dieser Verborgenheitsgeschichten angeht, so möchte man
wohl glauben, daß ein Jona, der etwas gelernt hätte aus der Frage, die am
Ende des Jonabuches gestellt wird, wohl auch in Ninive einen »Jizchak
Leib« treffen könnte und auch aus dieser *Aggada* eine *Halacha* entnehmen
könnte, wenn er denn buchstäblich seine Halacha, seinen »Weg«, nach
Ninive abermals − und nun »vielleicht« wirklich mitten in die Stadt hinein
− antreten möchte.

Kassandra und Jona

I

> »Aber das unerbittliche Schicksal, das bei den
> Griechen Regel war, ist in der Bibel Ausnahme;
> gerade der erste Schritt, nämlich der zur morali-
> schen Umkehr, *dreht das Verhängnis um.* So
> nun erblicke man eine der lehrreichsten Bibel-
> stellen in diesem Betracht: nämlich das *Erstau-*
> *nen des Propheten Jona,* weil er seinen Unter-
> schied zu Kassandra nicht begriffen hat.«
>
> (Ernst Bloch, *Das Prinzip Hoffnung,* GA 5,
> 1514)

Der folgende Essay kreist um diese Verhältnisbestimmung Blochs:
»das Erstaunen des Propheten Jona, weil er seinen Unterschied zu
Kassandra nicht begriffen hat«. BLOCHS BIBELLEKTÜRE
nachzudenken heißt, die Frage nach der *heute* aktuellen Erinnerung
zu stellen. Es gibt gute Gründe, gerade heute im Erstaunen Jonas
»eine der lehrreichsten Bibelstellen« zu erblicken. In welchem »Be-
tracht« und wie uns in der Konfiguration mit der trojanischen Seherin die Jona-Figur belehren könnte, wird in der Rückbindung an
das biblische Jonabuch selbst zu fragen sein. Wie dabei historisch-
kritische Exegese, Nach- und Neuerzählen, Erinnerung der Lektü-
regeschichte und Aktualisierung, besser: ERINNERUNG IM
AUGENBLICK EINER GEFAHR methodisch und sachlich zusammengehen, soll vor einer methodologischen Erörterung die

---

›ERINNERUNG IM AUGENBLICK EINER GEFAHR.‹ Zur Formu-
lierung vgl. W. Benjamins *Thesen über den Begriff der Geschichte,* These
VI, *GS* I,2, S. 695. Zur Korrelation mit der Lektüre der hebräischen Bibel
vgl. Verf., *Der Blick des Engels. Für eine »Benjaminische« Lektüre der
hebräischen Bibel,* in: N. W. Bolz, R. Faber (Hg.), *Walter Benjamin. Pro-
fane Erleuchtung und rettende Kritik,* Würzburg ²1985, S. 67–101 (neube-
arbeitet in: *Ursprung und Ziel. Erinnerte Zukunft und erhoffte Vergangenheit,* Neukirchen-Vluyn 1986, S. 48 ff.)

DAS VERDIKT VON GÜNTHER ANDERS über Bloch ist scharf, man lese nur die Bemerkungen in: *Antiquiertheit des Menschen*, II, 1978, S. 271 ff., bes. S. 278, etwa die Fußnote 12 (Bloch als »professioneller Hoffer«) oder aus neuerer Zeit das Interview in der ZEIT vom 22. 3. 1985. Die Kritik geht von der Beobachtung der ›utopischen Inversion‹ aus. Formulierten einst die Utopien das Vorstellbare, das noch nicht herstellbar war, so ist heute längst das Herstellbare nicht mehr vorstellbar. Der utopischen Inversion ließe sich, nebenbei, eine »apokalyptische Inversion« zuordnen, nämlich die Wendung der »Apokalypse« zum Begriff allein für *die* Katastrophe; vgl. dazu Verf., *Apokalypse. Zum Ursprung einer Stimmung,* in: *Einwürfe 2,* hg. v. F.-W. Marquardt, D. Schellong, M. Weinrich, München 1985, S. 5–61. Angesichts der heute drohenden Gefahr ist ein »Prinzip Hoffnung« vielleicht wirklich naiv. Aber sagt nicht auch Anders, man müsse zuweilen dümmer sein, als es erlaubt ist? (Hinzugefügt sei: man muß vielleicht vor allem dümmer sein, als es die Polizei erlaubt – auch Kants Polizey.) Nicht »erlaubt« ist dagegen ein Gestus, der sich in der Verzweiflung und der Gewißheit des Endes dem Schlimmsten akkommodiert. Verzweiflung ohne Zweifel? Auch das ist ja ein Jona-Motiv. Daß die Unheilspropheten in der Regel die wahren Propheten waren, ist eine (bittere) Erfahrung aus der hebräischen Bibel, allemal nicht deren dogmatischer Gehalt. Bloch'sches Denken und Hoffen kann nicht zu(m) Ende kommen. Wollen wir sie deshalb kritisieren? Wollen wir etwa »recht behalten«?

Anders notiert im unmittelbaren Zusammenhang seiner Bloch-Kritik ein »Graffito« von einer »Platte eines Seminartisches einer deutschen Uni« (*Antiquiertheit*, II, S. 452 Anm. 13):

PRINZIP VERZWEIFLUNG ODER EINMAL ETWAS ANDERS

    ernst bloch spricht:
    »wir sind noch nicht.«
    ernster als bloch
    wäre: »gerad noch.«
    anders wär:
    »nicht mehr.«

So wäre man »auch« am Ziel? Am Wunschziel Jonas zum Beispiel?
Oder kann Jona von Ninive lernen?
Deshalb möchte ich einen Vers anfügen:

PRINZIP ZWEIDEUTIGKEIT ODER NOCH EINMAL ETWAS VON G*e*STERN

    so wäre anders
    ›es endlich erreicht‹?

Konfiguration selbst zeigen. Deshalb sei zunächst die in der Einleitung begonnene Skizzierung von Fragen und Fragenbündeln fortgesetzt, von denen her, mit denen und zwischen denen Jona und Kassandra *heute* in eine Konstellation treten.

Da ist der durch die Anknüpfung an Bloch gesetzte Kontext. »Prinzip Hoffnung«? Nurmehr eine nostalgische Kunstform? Gab es dieses Prinzip je und gibt es ein solches Prinzip noch als politische *Praxis?* Oder gilt DAS VERDIKT VON GÜNTHER ANDERS, demzufolge angesichts der bevorstehenden globalen Vernichtung, der nurmehr negativ besetzten Apokalypse ein solches Prinzip Hoffnung eine sträfliche Naivität bezeichnet? Bloch war, so kann man lesen, der »PROPHET DER 60ER«. Anders ist der »PROPHET DER 80ER JAHRE«. Welcher Begriff des Prophetischen steht hinter der jeweiligen Bezeichnung? Wie verhält sie sich zur Differenz zwischen Jona und Kassandra? Schließlich: Was wäre ein Prophet, der seinen Unterschied zu Kassandra *begriffen* hätte?

Mit Blochs Jonabild steht das der hebräischen Bibel und das ihrer Exegeten zur Debatte. Muß der Versuch, eine Figur wie Jona in der Verknüpfung mit gegenwärtigen Fragen und Gefahren zu beschreiben und damit zugleich eine biblische Erinnerung kritisch-subversiv ins »Heute« einzubringen, mit dem Verlust exegetischer Genauigkeit erkauft werden? Oder könnte *die* Erinnerung die aktuellste sein, die sich möglichst genau vor dem biblischen Text und seinen Fragen verantwortet?

Blochs Gegenüberstellung der unter dem Bann des Schicksals stehenden Kassandra und des biblischen Propheten, der erstaunt, weil er die Lösung dieses Banns nicht begriffen hat, fußt ihrerseits

---

nein — es gibt,
das ist anders ernst,
doch ein »vielleicht«.

Als PROPHET DER 60ER, bzw. PROPHET DER 80ER werden in der Beschreibung geläufiger Rezeptionsmuster Bloch und Anders in einem Aufsatz von M. Voigts bezeichnet (*Die Apokalypse,* L'80, 35/1985, S. 76–84, das Zitat auf S. 76).

CHRISTA WOLF, KASSANDRA. Erzählung, Darmstadt/Neuwied 1983; dazu gehören die: *Voraussetzungen einer Erzählung: Kassandra* (Frankfurter Poetik-Vorlesungen), Darmstadt/Neuwied 1983. Aus der Fülle der Sekundärliteratur sei verwiesen auf: Christa Wolf, Text + Kritik 64, 3. erw. Aufl., München 1985 (dabei bes. auf S. Weigel, *Vom Sehen zur Seherin. Christa Wolfs Umdeutung des Mythos und die Spur der Bach-mann-Rezeption in ihrer Literatur*, S. 67−92); S. Hilzinger, *Kassandra. Über Christa Wolf*, Frankfurt a. M. 1982; W. Mauser (Hg.), *Erinnerte Zukunft. 11 Studien zum Werk Christa Wolfs*, Würzburg 1985 (mit einem Schwerpunkt auf den Kassandra-Arbeiten); M. v. Engelhardt, M. Rohr-wasser, *Kassandra − Odysseus − Prometheus. Modelle der Mythosrezeption in der DDR-Literatur*, L'80, 34/1985, S. 46−76 (mit dem Aufweis der gegenwärtigen politischen Konnotationen der Mythenrezeption; zu Chr. Wolf S. 47−51); M. Bergelt, *Empathische Vernunft. Über die Erzählung Kassandra von Christa Wolf*, in: Chr. Bürger (Hg.), *Zerstörung, Rettung des Mythos durch Licht*, Frankfurt a. M. 1986, S. 111−127; *Kassandra*. Ta-gungsprotokoll 224/1985 der Ev. Akademie Hofgeismar (mit Vorträgen von G. Ecker, H. Gidion, S. Cramer, Th. Waßner, S. Schade und einem Nachdruck der o. a. Arbeit von S. Weigel).

FRAGEN DER EXEGETISCHEN KOMMENTARE. Die in der Jona-Exegese vielfach vertretene Linie (jüdische Exklusivität gegen Universali-tät) durchzieht die beiden großen deutschsprachigen Kommentare von W. Rudolph, *Joel/Amos/Obadja/Jona*, KAT XIII/2, Gütersloh 1971, und H. W. Wolff, *Obadja/Jona*, BK XIV/3, Neukirchen-Vluyn 1977. Dabei geht es Wolff ausweislich der »Ziel«-Kapitel des Kommentars keineswegs um eine Abwertung oder gar Denunzierung des Judentums. Zielgruppe *seiner* Kritik und seiner kritischen Erinnerung an Jona sind vielmehr enge Gruppen gegenwärtiger christlicher Kerngemeinden, die exklusiven From-men heute, in denen er Jonas selbstreferentielle Überheblichkeit wiederholt sieht. Dennoch bleibt ein problematisches Bild des historischen Judentums z. Zt. der Entstehung der Jona-Erzählung (vgl. dagegen die kritischen Be-merkungen von R. Rendtorff, *Das Alte Testament. Eine Einführung*, Neu-kirchen-Vluyn 1983, S. 237 ff., bes. S. 239) Basis der Kritik. Besonders prononciert vertritt die Exklusivitätslinie O. Kaiser, *Wirklichkeit, Möglich-keit und Vorurteil. Ein Beitrag zum Verständnis des Buches Jona*, EvTh 33 (1973) S. 91−103. Dort steht neben dem u. im Essay zitierten Satz Kaisers über ein Israel, das »lieber untergehen als eine Bekehrung der Heiden überleben will« (S. 100) auch der folgende: »Jona will die außerjüdische Welt nicht retten, sondern verderben!« (S. 99). Beobachtet man den Ge-samtduktus bei Kaiser, so wendet er letztlich ein christologisch gedeutetes Jonabuch gegen den jüdischen Jona, um ein so gewonnenes Jona-Kerygma (gegen das Israel, das Jona verkörpere) zur Basis der Zuwendung zum Fremden als Lehre des Buches zu formulieren. Was wäre das für eine

auf der Fixierung vorgegebener Rollen. CHRISTA WOLFS KAS-
SANDRA verweigert sich diesem Bild. Der starren, praxis- und
hoffnungslosen, ja, gesichtslosen Künderin des unerbittlich Verhängten, als die Blochs Kassandra erscheint, hat Christa Wolf in
ihrer Erzählung *Kassandra* und in den in den Frankfurter Poetik-
vorlesungen vorgetragenen *Voraussetzungen einer Erzählung* ein
Menschengesicht (wieder)gegeben. Kassandra ist – damit vielleicht
der Figur der antiken Tragödie wieder nahe – Frau, Antiheldin
(und damit literarische Heldin wider Willen), Trägerin einer Hoffnung, die nichts mehr für sich selbst will und darum über sich hinaus Hoffnung tragen kann. Kassandra verkörpert Würde und Einsamkeit. Im Vergleich zu *dieser* Kassandra abermals nach ihrem
Unterschied zu Jona zu fragen, verändert die Fragen an Jona und
von Jona her. Es sind dann kaum noch die FRAGEN DER EXE-
GETISCHEN KOMMENTARE, die das Jonabuch vor der unter-
stellten Folie eines jüdischen Exklusivitätsdenkens ausfalten und als

---

Zuwendung zum Fremden, die auf der Basis eines Zerrbildes vom Judentum errichtet ist? Geht es nicht im Jonabuch um innerjüdische, ja, um
innerbiblische Auseinandersetzungen, die aufbrechen müssen, wenn man
– wie es das Judentum tat und tut – die biblischen Worte über den Gott
der Liebe *und* die über den Gott der Gerechtigkeit ganz ernst nimmt? Wie
gehen Wahrheit und Recht zusammen? Wie gehen Wahrheit und Richtigkeit auseinander? Will nicht *Gott* Ninive vernichten? Hat nicht erst die
Umkehr der Niniviten Gottes Umkehr bewirkt? Hatte denn Jona etwa nur
ein falsches (jüdisch-exklusives) Gottesbild? Gegen welches »falsche« Gottesbild »bekehrt« *(šūb, Jona 3,9)* sich Gott selbst, welches »falsche« Gottesbild »bereut« *(nhm, Jona 3,9.10)* er selbst? Wer die Ernsthaftigkeit und
die Sehnsucht nach der Durchsetzung der Gerechtigkeit rasch als »exklusiv« kennzeichnet, der wird schwerlich der Gefahr ausweichen, in der Pro-
pagierung »universeller« Liebe die Gerechtigkeit und die Wahrheit untergehen zu lassen. (Von der »Realität« universell christlicher Nächsten- und
Feindesliebe ganz abgesehen ...) Schließlich: wie verhält sich die von Kaiser und anderen angebotene »Lösung« zum offenen Schluß des Jonabuches
selbst? Ist denn die Antwort *eindeutig?* Sind Jonas Probleme Scheinproble-
me? – Mit solchen Fragen hängt es zusammen, daß ich auch Mißtrauen
hege gegen Wolffs Charakterisierung der Erzählweise des Buches als »sati-
risch«. Eine, wenn auch mit anderer Zuspitzung formulierte Kritik der
Wolff'schen Satire-Linie findet sich auch in S. Herrmanns kritischem Referat zu Wolffs Kommentar, veröffentlicht jetzt in: S. H., *Gesammelte Stu-*

dien zu Geschichte und Theologie des Alten Testaments, ThB 75, München 1986, S. 221−231. Wie Herrmann wendet sich auch H. Gese, *Jona ben Amittai und das Jonabuch*, Theol. Beitr. 16 (1985) S. 256−272, gegen eine Minderung des Problemgehaltes des Jonabuches durch seine Reduktion auf Satire und erst recht auf Zerrbilder. Geses Aufsatz hat in mehrfacher Hinsicht Bedeutung, vor allem wegen der Betonung der Rückbindung der Jonafigur an 2 Kön 14, ebenso wegen der Herausarbeitung der im Jonabuch sprachlich genau beachteten Differenzierung von JHWH und »Gott«, die festhält, daß die Umkehr der Niniviten keineswegs als Bekehrung zum JHWH-Glauben zu verstehen ist (in diesem Sinne bleibt das Verhältnis zu den »Heiden« eine wichtige Dimension des Buches), schließlich wegen der Gewichtung des Theodizeeproblems (auch wenn ich skeptisch gegen die Verwendung des Begriffes bin, geht es doch weder bei Jona noch etwa bei Hiob um den »Gerichtshof der Vernunft«). Aber das Jonabuch *erzählt*, und indem es die theologischen Probleme erzählend thematisiert, verändert die Erzählung die Probleme. Und eben diese Problemtransformation geschieht auf einer Erzählebene, die jedenfalls von übertreibenden, parodierenden Zügen nicht frei ist. Das Große ist allzugroß − schon die Zahlenangaben über Ninives Größe und Einwohnerzahl sind übertrieben − das Kleine ist vielleicht allzuklein, die Seeleute sind allzuedel, Jona ist allzusehr »incurvatus in seïpse« ... Vielleicht konnte und durfte beim Hören und Lesen dieser Geschichte auch gelacht werden. Damit ist aber nicht ausgemacht, wer da lachen konnte und worüber (zur Debatte vgl. die u. genannten Arbeiten von Good, Miles [dagegen Berlin], Holbert). Fatal, weil besserwisserisch triumphierend, wäre jedenfalls eine Lesart des Jonabuches, die mit dem Hinweis auf das »Satirische« und »Groteske« das in ihm gestellte Problem erledigen will, so als sei die am Ende gestellte Frage nur für Jona so schwer zu beantworten. Beantwortbar wäre sie allenfalls für den, der so gänzlich Unerwartbares wie die Umkehr eines »Ninive« für *möglich* hält (vielleicht!). Wer allerdings beim Stichwort »Satire« an Swift, Tucholsky oder Achternbusch denkt, der mag auch das Jonabuch als Satire lesen. Es wäre dann allemal eine, bei der einem das Lachen im Halse stekken bleibt. *Diese* Satire ist umso ernster, je mehr man sich selbst getroffen fühlt. Folgt man einem Wort von Octávio Paz, nach dem es die Aufgabe der Intellektuellen sei, mit ihren Gedanken die Menschen zum Lachen und mit ihren Witzen die Menschen zum Denken zu bringen, dann ist die Jona-Erzählung ein »intellektuelles« Buch.

Keineswegs ist die hier vorgelegte Konfiguration ein Universalschlüssel der Jona-Exegese. Wichtige Textbereiche, vor allem in Kap 1 und 2, werden nur am Rande berührt; Fragen der literarischen Entstehungsgeschichte und der Gattung(en) des Buches bleiben weithin ausgeklammert; innerbiblische Bezüge werden lediglich in einigen Linien angedeutet. Deshalb nenne ich in der folgenden Zusammenstellung einige Sekundärliteratur zum Jonabuch, und zwar vor allem solche, die sich auf die in der Jona-

groteske Satire in universaltheologischer Absicht zeichnen. Jona verkörpert in dieser Sicht ein Israel, das »lieber untergehen als eine Bekehrung der Heiden überleben will«. Vor diesem Blick verschwindet die Dramatik der (literarischen) Person Jona, die den Widerspruch zwischen Wahrheit und Leben an sich selbst erleben muß. Es geht ja, wie noch zu zeigen ist, um nichts Geringeres als die letzte Auflösung aller Kriterien wahrer und falscher Prophetie. Denn Jona kündet, was *nicht* eintrifft. Wie kann er da ein wahrer

---

Kassandra-Konfiguration nicht eigens thematisierten Fragen bezieht. (Ältere Literatur ist in Wolffs Kommentar angegeben.)

G. C. Aalders, *The Problem of the Book of Jonah*, London 1948. – G. Abramson, *The Book of Jonah as a Literary and Dramatic Work*, Semitics 5 (1971) S. 3–21. – T. D. Alexander, *Jonah and Genre*, TynB 36 (1985) S. 35–59. – A. Berlin, *Rejoinder to John A. Miles, Jr., With Some Observations on the Nature of Prophecy*, JQR 66 (1976) S. 227–235. – M. Burrows, *The Literary Category of the Book of Jonah*, in: H. T. Frank, W. L. Reed (Hg.), *Translating and Understanding the OT*, FS H.-G. May, Nashville 1970, S. 80–107. – B. S. Childs, *Canonical Shape on the Book of Jonah*, in: G. A. Tuttle (Hg.), *Biblical and Near Eastern Studies*, Grand Rapids 1978, S. 122–128. – R. E. Clements, *The Purpose of the Book of Jonah*, VTSuppl 28, Leiden 1975, S. 16–28. – A. D. Cohen, *The Tragedy of Jonah*, Judaism 21 (1972) S. 164–175. – G. H. Cohn, *Das Buch Jona im Lichte der biblischen Erzählkunst*, StB 12, Assen 1969. – P. C. Craigie, *The Twelve Prophets*, I, Edinburgh 1984. – H. Gese, *Jona ben Amittai und das Jonabuch*, Theol. Beitr. 16 (1985) S. 256–272. – E. M. Good, *Irony in The Old Testament*, London 1965. – A. J. Hauser, *Jona: In Pursuit of the Dove*, JBL 104 (1985) S. 21–37. – E. W. Hesse/I. M. Kikawada, *Jonah and Genesis 11–1* (!), AJBI 10 (1985) 3–19. – J. C. Holbert, *»Deliverance belongs to Jahweh!« Satire in the Book of Jonah*, JSOT 21 (1981). – C. A. Keller, *Le portrait d'un prophète*, ThZ 21 (1965), S. 329–340. – G. M. Landes, *Kerygma of the Book of Jonah*, Int 21 (1967) S. 3–31. – N. Lohfink, *Jona ging zur Stadt hinaus* (Jon 4,5), BZ NF 5 (1961) S. 185–203. – J. Magonet, *Form and Meaning. Studies in Literary Techniques in the Book of Jonah*, Bern-Frankfurt 1976. Sheffield 1983 – J. A. Miles, Jr., *Laughing in the Bible: Jonah and Parody*, JQR 65 (1975) S. 163–181; R. Pesch, *Zur konzentrischen Struktur von Jona 1*, Bibl 47 (1966) S. 577–581. – R. Rendtorff, *Das Alte Testament*, Neukirchen-Vluyn 1983, S. 237 ff. – A. Rofé, *Classes in the Prophetical Stories: Didactic Legenda and Parable*, VTSuppl 26, Leiden 1974, S. 143–164. – L. Schmidt, *»De Deo«. Studien* zur Literarkritik und Theologie des Buches Jona, des Gespräches zwischen Abraham und Jahwe in Gen 18, 22 f. und von Hi 1, BZAW 143, Berlin 1976. – Ph. L. Trible, Studies in the Book of Jonah, Diss. Columbia 1976. – G. Vanoni, Das Buch Jona. Literar- und formkritische Untersuchung, ATS 7, St. Ottilien 1978. – B. Vawter, Job and Jonah: Questioning the Hidden God: New York 1983. – P. Weimar, Literarische Kritik und Literarkritik. Unzeitgemäße Betrachtungen zu Jon 1,4–16, in: L. Ruppert, P. Weimar, E. Zenger (Hg.), Künder des Wortes, FS J. Schreiner, Würzburg 1982, S. 217–235. – ders., Jon 4,5. Beobachtungen zur Entstehung der Jonaerzählung, BiblNot 18 (1982). – ders., Jon 2,1–11. Jonapsalm und Jonaerzählung, BZ NF 28 (1984) S. 43–68. – H. Witzenrath, Das Buch Jona. Eine literaturwissenschaftliche Untersuchung, ATS 6, St. Ottilien 1978. Nach Abschluß des Manuskripts erschien der wichtige Aufsatz von F. W. Golka, Jonaexegese und Antijudaismus, KuI 1 (1986), S. 51–61 (erschienen 1987). Die hier vorgelegte Konfiguration ist immerhin als Versuch zu verstehen, Golkas Forderung nach einer nicht-einlinigen Jonaauslegung einzulösen.

Vgl. EURIPIDES, Troades (Troerinnen), aufgeführt 415 v. Chr. in Athen; Textausgabe u. a. in: Fabulae, hg. v. G. Murray, Bd. 2, Oxford ³1915 (zahlreiche Nachdrucke); deutsch u. a. v. E. Buschor, in: Drei Tragödien, München 1957; vgl. auch die literarischen Adaptionen von F. Werfel (Leipzig 1914), J.-P. Sartre (Paris 1965, bearbeitet 1966) und W. Jens (München 1982). Zum antiken Stoff vgl. E. R. Schwinge, Euripides WdF 89, Darmstadt 1965 (mit Bibliographie S. 553 ff.). – Aischylos, Agamemnon (Orestie, Teil 1); Textausgabe mit engl. Übers. u. Komm. hg. v. E. Fraenkel, 3 Bde, Oxford 1950; vgl. G. Thomson, Æschylus and Athens, London ²1946 (deutsch Berlin 1957), vgl. ders., Kommentar zur Orestie, Cambridge 1938.

Kennzeichnend für die TIEFENPSYCHOLOGISCHE JONAAUSLEGUNG, wie sie vor allem in Uwe Steffens Arbeit: Jona und der Fisch. Der Mythos von Tod und Wiedergeburt, Stuttgart 1982, vorgestellt und durchgeführt wird, ist die Zuspitzung der Jonathematik auf ›die Sache mit dem Fisch‹. Damit bleibt diese Deutung affirmativ gegenüber der Reduktion des Buches auf dieses eine noch bekannte Motiv biblischer Prophetie (wie es Rudolph – womöglich heute schon zu optimistisch – für die Bibelkenntnis des Alltagschristen diagnostiziert). Daß sich im Motiv des Verschluckt- und des Ausgespien-Werdens wie im Motiv des Bauchs, in den Jona regrediert und aus dem er »wie« wiedergeboren wird, Symbole ausdrücken, die – über Jona hinaus und nicht allein auf biblische Anthropologie beschränkt – vieles über den Menschen zeigen können, sei nicht bestritten. Nicht bestritten sei auch, daß das im Zusammenhang von

Prophet sein und der Gott, in dessen Namen und Auftrag er spricht, ein wahrer Gott? Was aber wäre das für eine Wahrheit, die sich, will sie sich Zweideutigkeit und Widerspruch entziehen, nur auf Leichenbergen als Wahrheit behaupten kann? Was hieße es heute, *wahrer* Prophet zu sein? Die Frage nach der Möglichkeit wahrer Prophetie, d. h. des wahren, offenen Heraussagens dessen, was ist, im Angesicht der Katastrophe, ist die des historischen Jonabuches und der in ihm aufgehobenen Traditionen des Propheten Israels *wie* die der Erinnerung an Jona im Angesicht der uns heute drohenden Katastrophe. Die Konfiguration verbindet Kassandra und Jona auf den Ebenen verschiedener Texte. So verhält sich die Erzählung des Jonabuches zum »historischen« Jona, der in 2 Kön 14 genannt ist, wie Christa Wolfs Kassandraerzählung zur »historischen« Kassandra etwa bei Homer. Auf dieser Ebene stünden das Jonabuch und Christa Wolfs Erzählung nebeneinander. Zugleich aber verhält sich Christa Wolf zur Kassandra wie Autoren wie Stefan Andres, Uwe Johnson oder der Regisseur Alain Tanner zu Jona(s). Auf dieser Ebene stünde die biblische Jonafigur eher neben einer Kassandra des Aischylos oder des Euripides. Bereits der Jona ben Amittai aus 2 Kön 14 ist eine Figur der Rezeptionsgeschichte: er fungiert im Kontext einer legitimatorischen Geschichtserzählung (=deutung), nach der Jerobeams Erfolge trotz seiner »Bosheit« als Folge des Erbarmens Gottes mit seinem armen Volk erscheinen. Daß es sich dabei nicht um Jerobeams eigene Leistungen handelt, sondern Gott durch ihn handelt, sichert in 2 Kön 14, 23 ff. die Nennung des Jona ben Amittai, der den Sieg im Auftrag Gottes kündet. Gegenüber der »Rolle« dieses Jona in deuteronomistischer Geschichtsdarstellung ist die Frage nach der Rolle, die jener Jona ben Amittai damals »wirklich« spielte, fast gleichgültig. Ebenso steht es mit der Frage, ob es die Priamostochter Kassandra »wirklich« gab. »Wirklich« redet Kassandra in den *Troerinnen* des EURIPIDES. Indem sie im Jahre 415 v. Chr. – mitten im Peloponnesischen Krieg – vom Frieden redet, ist sie im Jahre 415 eine »wirkliche« Person. So zeigt sich, daß beide Figuren auf jeder ihrer Realitätsebenen immer schon »konfigurative« Figuren sind. Sie leben aus Erinnerung und Gegenwart, in je neuer Gegenwart.

Die Dramatik Jonas zwischen wahrer und falscher Prophetie wird – das soll in einem Seitenblick angemerkt werden – dort verfehlt, wo Jonabilder im Meer der TIEFENPSYCHOLOGISCHEN AUSLEGUNG ertrinken. In dem auf dem Rückumschlag

Flucht, Todeswunsch, Regression und »Incurvation« Jonas Erzählte, bei dem unter anderem auch der »große Fisch« (zur »Zoologie« vgl. Kaiser, *Wirklichkeit*, S. 96, Anm. 18) eine Rolle spielt, deshalb so plastisch erzählt werden kann, weil die Erzählung an dieser Stelle auf eine verständliche Symbolik zurückgreifen kann. *Nicht bestritten sei schließlich*, daß ›die Sache mit dem Fisch‹ in der Rezeptionsgeschichte, vor allem der Kunstgeschichte, fast mit dem Jonathema identisch wurde.

Neben dem Wurf ins Wasser und dem Ausgespien-Werden aus dem Walfisch-Fisch-Drachen-Seeschlangen...-Bauch gibt es fast nur noch Bilder des Jona unterm Rizinus, unterm Kürbis. (Zur Identifikationsproblematik des *qiqajon* vgl. B. P. Robinson, *Jonah's Qiqayon Plant*, ZAW 97 (1985) S. 390−403; Robinson liefert Argumente für die alte, bereits in der LXX vorausgesetzte Flaschenkürbistradition, aber auch für ein Neu- oder Lehnwort mit mehr exotischem Flair als konkret gemeinter Bedeutung − ähnlich Tarschisch im Jonabuch). Ein »Jona« in der Kürbislaube ist (eine weitere Verknüpfung) auch der Erzähler im entsprechenden Kapitel in G. Grass, Der Butt. Inzwischen ist der Autor nach Indien retiriert − weg von wem? Einen ganz anderen Jona malt Michelangelo in die Sixtina − dieser Jona ist so sehr der der biblischen Geschichte, *mit* dem Fisch, doch nicht darauf reduziert, daß er eigens mit dem Text verknüpft werden soll, s. u. S. 128. Auch der kahlköpfige Jona hat seine symbolische Bedeutung (vgl. Steffen, S. 48 ff., dazu und zu einem besonders »jonahaltigen« Abschnitt der Kunstgeschichte auch H. Sichtermann, *Der Jonaszyklus*, in: *Spätantike und frühes Christentum*, Katalog der Ausstellung Frankfurt a. M., Liebighaus 1983/84, Frankfurt 1983, S. 241−248, Lit.); man entkommt aus solchen Situationen nicht »ungeschoren«.

So richten sich meine Bedenken gegen die (von Steffen repräsentierte) Auslegung weniger gegen die Fragestellung als gegen den verengten Blickwinkel, mit dem nur ein Ausschnitt des Jonabuches erfaßt wird, weil und wenn sein Scheitelpunkt zu nah (zu konventionell-affirmativ) am »Objekt« bleibt. Wird »tiefenpsychologisch« der immer schon auf ›die Sache mit dem Fisch‹ reduzierte Jona interpretiert, so bestärkt diese Exegese die traditionelle Engführung, statt sie zu durchbrechen. Der Fisch nämlich hat im Jonabuch prinzipiell keine andere Funktion als der Sturm, der Rizinus/Kürbis, der Südwind, der Wurm: Naturelemente als »Medien« in einer Didaktik für Jona. Eine auf die Rettung im und aus dem Fisch reduzierte Auslegung verfehlt eben die Probleme, die mit dem Ausspeien Jonas (2,11) gerade nicht gelöst, sondern verschärft *gestellt* sind. Denn Jona fühlt sich *im* Bauch des Fisches gerettet. Solange er im Fisch lebt, ist ihm die Flucht geglückt. Diesem Jona muß die Landung schmerzlich sein, wirft sie ihn doch an den Anfang zurück (vgl. 1,1 mit 3,1). »Incurvatus in seїpse« konnte Jona im Fisch sein Gottesverhältnis scheinbar ›in Ordnung bringen‹, sein »Tempel« (2,8) war der Bauch des Fisches. Diese heile Welt der »Privatreligion« jedoch bricht zusammen, sobald mit 3,1 (wie schon in 1,1) die

von Uwe Steffens *Jona und der Fisch* als Quintessenz des Buches abgedruckten Zitat: »Wir alle sind Jona« verschwindet die konkrete Jonafigur mit ihren Fragen ebenso wie vor dem jüdischen Exklusivitätsgemälde, für das es außerhalb des Jonabuches wenig und im

---

Niniviten wieder ins Spiel kommen. Jona hat sich im Bauch des Fisches von Tod und Auftrag zugleich gerettet gesehen. Er redet *wie* im Tempel, indem er gleichsam ein Gebet aus Versatzstücken von Psalmen komponiert. Über die »sekundäre« Einführung des Jonapsalms und über dessen Literarkritik wird in der Exegese viel verhandelt. Ist es denn den Literarkritikern undenkbar, daß der Jona-Erzähler seinen Helden »Sekundäres«, Geliehenes, Übertragenes, Unpassendes beten lassen will? Reduziert man Jonas Rettung auf das, was ihm Rettung zu sein scheint, so hat man von vornherein verfehlt, was das Jona-Problem ausmacht. Jahwä ist nicht der Gott allein Jonas . . . . Deshalb korrespondiert die verengt-psychologische Jonaauslegung *der* Form der Therapie und der Therapiemoden, die darauf beschränkt bleibt, jemanden mit sich selbst ins Reine zu bringen. K. M. Michel, *Im Bauch des Wals. Abgesang auf die gesunde Persönlichkeit, Kursbuch 82* (Die Therapie-Gesellschaft), 1985, S. 115–141, verbindet eine modische Form der Therapiesucht deshalb mit Recht mit dem Jona im Fischbauch (S. 115 f.), er sieht freilich nicht, daß seine Kritik *mit* dem biblischen Jonabuch gegen dessen verengte Lektüre argumentieren könnte. Wie so oft hat die verengte Adaption des Jonabuchs z. B. im Kindergottesdienst Methode. Nur noch *eine* alttestamentliche Geschichte hat unter den Kindergottesdienstthemen eine Beliebtheit, die an Jona und den »Walfisch« heranreicht: Noah und die Arche. Die Kombination von Mensch und Tier(en) übt augenscheinlich einen besonderen Reiz aus, ein anderer wird den jeweiligen Geschichten dadurch abgewonnen, daß sie ›gut ausgehen‹. Doch wird in jener Kindertümlichkeit, die doch nur das eigene Wunschbild der Erwachsenen widerspiegelt, das gute Ende nur um den Preis der Verkürzung der biblischen Erzählungen gewonnen. Beide Geschichten sind dramatische Auseinandersetzungen um den Gott von Gericht *und* Rettung, Gerechtigkeit *und* Liebe. Der Gott, der die Menschen *vernichten* will, weil die Hervorbringungen ihres Herzens »böse von Jugend auf« sind, ist derselbe, der die Menschen erhalten will, weil sie »böse von Jugend auf« sind (vgl. Gen 6,5f. mit Gen 8,21!) – der Gott, der Ninive vernichten will, ist derselbe, der es erhält, indem er auf Ninives Umkehr selbst umkehrt. Die Vorstellung von Gottes Reue geht im ›happy end‹ nicht auf. So kann der Verdacht aufkommen, daß in schulischen und kindergottesdienstlichen Noah- und Jonaadaptionen unentwegt Elefantenpärchen und Walfische (!) gemalt werden, nicht allein *während,* sondern *weil* damit die bedrängenden Fragen verdrängt werden.

Die (freilich kaum dem Autor anzulastende) unfreiwillige Komik der beiden ersten Sätze des Textes auf dem Rückumschlag von Steffens Buch zeigen in ihrem jähen Aufeinandertreffen die ganze Fragwürdigkeit der »Wer-von-uns-hätte-noch-nicht ...«-Hermeneutik. Sie lauten: »Wir alle sind Jona, schreibt Uwe Steffen. Er ist Dompropst in Ratzeburg«. (Nach *dieser* Logik könnte man auch folgern, daß wir alle Dompröbste in R. sind ...) Im Jonabuch geht es gerade um die Decouvrierung und (wenn denn Jona eine Antwort auf die offene Frage am Ende des Buches findet) Überwindung solcher Allgemeinheit. Eine solche Allgemeinheit, gerade nicht die »Exklusivität« ist das Problem des Bekenntnisses Jonas. Er bezieht sich in 1,9 explizit auf einen schlechthin universalen Gott. Zur Debatte steht vielmehr die *Konkretion* der *Universalität.* Im Bekenntnis nennt Jona nicht den ›Gott Israels‹, sondern den »Gott des Himmels, der das Meer und das Trockenland gemacht hat«. Das nur mit der Situation und den Adressaten zu erklären, verschlägt nicht, hat doch der Erzähler keine Probleme mit der Kommunikationsform (so sind ihm weder im Gespräch mit den Seeleuten noch in der Rede an die Niniviten die fremden Sprachen ein Hindernis). Jona hat augenscheinlich weniger Schwierigkeiten mit (s)einem universalen Gott als mit der Wahrnehmung der *Konsequenzen* der Universalität Gottes. Auch diese Schwierigkeit ist nicht allein die Jonas. Es könnte nämlich sein, daß gerade da, wo es um die *ganze* Welt, um *alle* Menschen geht, der konkrete Einzelne, der Nächste, der Fremde aus dem Blick gerät. Ist es richtig, Universalität höher zu bewerten als Partikularität, das Allgemeine höher als das Besondere, das Ganze höher als das einzelne? Wo das einzelne in der Totalität nicht mehr sichtbar ist, wird das Ganze zur hohlen Form, im harmlosen Fall zur verschleiernden Phrase, zum verschlingenden Moloch im schlimmeren. Solches Verhalten reicht weit in unsere Alltagspraxis. Man hat im allgemeinen nichts gegen *die* Neger, aber gegen den einen, mit dem die Tochter nicht befreundet sein soll, nichts gegen *die* Homosexuellen, aber gegen den einen, der das Zimmer mieten will, nichts gegen *die* Türken, aber gegen die fünf, deren Existenz das »Niveau« der Schulklasse des Sohnes mindert.

In einer Therapiegruppe sagt eine junge Frau: »Niemand liebt mich!« Nach einer kleinen Pause antwortet ein Mann: »Doch, ich liebe dich!« Und er sagt weiter: »Ich liebe alle Menschen, warum sollte ich ausgerechnet dich nicht lieben?« Es kann durchaus leichter und vor allem unverbindlicher sein, die ganze Menschheit zu lieben als einen Menschen. Über das Ziel, es solle allen Menschen gut gehen, niemand solle hungern, niemand unterdrückt werden, und Unrecht solle es nirgends geben, kann man sich schnell einigen. Allerdings sagt diese Einigkeit nichts darüber aus, wer bereit ist, gegen konkretes Leiden, konkreten Hunger, konkrete Unterdrückung, konkretes Unrecht etwas zu unternehmen.

28

Jonabuch kaum einen Anhalt gibt. Gerade die Konfiguration zwischen Jona und Kassandra könnte zeigen, daß die Jonageschichte deshalb so dramatisch ist, weil in ihr die Frage nach der Rolle des Propheten und die nach der Wahrheit Gottes bis zur letzten Konsequenz zugespitzt ist.

Jona fällt es leichter, von seinem Gott als dem Gott der ganzen Welt zu reden, als seinen Gott als Gott Ninives wahrzunehmen. Jonas Universalität ist die einer alles einzelne (darum konsequent auch ihn, Jona und sein Leben) zum Verschwinden bringenden Allgemeinheit, und Jonas Partikularität ist die einer kruden Egozentrik. Am Ende des Buches wird ihm zugemutet, sich selbst und sein Leben ernst zu nehmen, damit das Leben Ninives ernst zu nehmen und statt unverbindlicher Universalität und abstrakter Individualität die *Konkretheit des Lebens des anderen* zu erkennen.

Zur Verdeutlichung der Spannung zwischen WAHRHEIT UND RICH-
TIGKEIT möchte ich einen kurzen Blick auf einen scheiternden (notwendig scheiternden) didaktisch-therapeutischen Dialog in der hebräischen Bibel werfen. Es geht um den Versuch der Freunde Hiobs, den Leidenden
nicht nur zu trösten, sondern ihm zugleich im theologischen Diskurs, in
der Lehre, Deutungshilfen für sein Geschick zu geben. Sowohl die »theo-
logisch-philosophische« Bildung als auch – hier noch wichtiger – die soli-
darische Haltung wird man Hiobs Freunden nicht bestreiten können. Allein ihr langes (7 Tage und 7 Nächte währendes) Schweigen *mit* Hiob
widerrät einer zu einfachen Charakterisierung der Freunde als engstirnige
Dogmatiker, leichtfertige Trostfabrikanten o. ä. Vor allem aber: Hiob und
seine Freunde stimmen in den Grundauffassungen der *Lehre* überein. Gemeinsam vertreten sie den »Tun-Ergehen-Zusammenhang«, die Auffassung, daß zwischen den Taten eines Menschen und seinem Geschick eine
Kongruenz bestehe. Die Hoffnung, daß der Guttäter die Früchte seiner
guten Taten genießen möge und der Übeltäter von den Folgen seiner bösen
Taten eingeholt werde, ist ihnen gemeinsam, und gemeinsam ist ihnen die
Gefahr, aus dieser Hoffnung eine Doktrin zu machen. Nicht in der *Lehre*
unterscheiden sich Hiob und die Freunde, umso mehr in ihrer Lage. »Ich
an deiner Stelle würde ...«, so rät Eliphas (Hi 5,8), und ein so eingeleiteter
Vorschlag bleibt stets der Rat eines, der nicht an dieser Stelle ist. So bleiben
die richtigen Ratschläge und die richtigen Voraussagen der Freunde *(richtig*
raten sie Hiob, er solle sich an Gott wenden; *richtig* sagen sie voraus, daß
sich Hiobs Geschick am Ende wenden werde) immer nur *Wahrheiten* von
Nicht-Betroffenen und damit eben nur *Richtigkeiten*. Die Grenze allen
Lehrens, die hier aufscheint, wird nicht durch die moralische Qualität und
nicht durch die Bildung der Lehrer bestimmt; es ist eine Grenze jeder Lehre. »Ihr seht Schrecken, und ihr erschreckt!« Dieser Vorwurf Hiobs (6,21)
deckt auf, daß die Gefahr jeder Lehre darin besteht, ihre Geltung nur mit
Wahrnehmungsverlusten zu erkaufen. Wenn stimmte, was die Freunde *se-
hen* – daß da ein Unschuldiger leidet –, dann stimmte sonst nichts mehr.
Da kann nicht sein, was nicht sein darf! Die Spannung zwischen Lehre und
Lage, Lehre und Erfahrung läßt sich durch keine Neuformulierung der
Lehre auflösen. Sie markiert die Grenze des Diskurses, ohne damit den
Diskurs selbst zu desavouieren. Denn es wird selten in der Hiobexegese
bemerkt, daß noch die Erfahrung des gescheiterten Diskurses mit den
Freunden für Hiob notwendig war, um die Grenzen zu erkennen, jenseits

II

>»Warum gabst du mir zu sehen, was ich doch nicht wenden kann?«

(Friedrich Schiller, *Kassandra*, 1802, Z. 53 f.)

Die Wahrheit sagen *und* gehört werden — an Kassandra und Jona wird deutlich, wie schwierig die Verbindung von beidem ist. Man kann die Wahrheit sagen und *nicht* gehört werden — Kassandras Erfahrung. Man kann gehört werden und muß dann feststellen, daß man nicht die Wahrheit gesagt hat — Jonas Erfahrung. An den entgegengesetzten und zugleich komplementären Erfahrungen *leiden* beide. In ihrem Leiden, dem Schrei der Kassandra gegen Apoll und der Verzweiflung Jonas unterm Rizinus, werden beide Künder als Menschen kenntlich. *Nun* erst wird aus Blochs Gegenüberstellung etwas anderes als das Nebeneinander zweier Denkfiguren. Aus der Denkaufgabe — Wie kann man die Wahrheit sagen und doch gehört werden? Wie verhalten sich WAHRHEIT UND RICHTIGKEIT zueinander? — wird *dann* die Erfahrung des Widerspruchs, an der beide zerbrechen. Was ist Jonas Widerspruch, was Kassandras?

---

derer er nur noch von Gott selbst Antwort erwarten (und fordern) kann. Auch die Gottesreden als Antwort Gottes am Ende des Hiobbuches münden nicht in eine neue bestimmte Lehre. (Vgl. Verf., *Leviathan und Behemoth. Eine biblische Erinnerung wider die Kolonisierung der Lebenswelt durch das Prinzip der Zweckrationalität*, Paderborn 1984; ders., *Hiob. Hiobbuch*, TRE XV, S. 360–380). Doch ist gerade das Hiobbuch unter dem Aspekt von Hermeneutik und Didaktik ein ebenso wichtiger wie querstehender und nicht verrechenbarer Beitrag der hebräischen Bibel, weil es zeigt, daß man von dem, wovon man nicht reden kann, nicht schweigen muß, sondern erzählen kann, wie am Ende des Buches vom *Ende* des Leidens Hiobs erzählt wird, ohne daß ein *Grund*, ein *Sinn*, ein *Zweck*, eine *Notwendigkeit* dieses Leidens aufgewiesen würde. Diese »Lehre« haben wir als Interpreten, Hermeneuten, Lehrer nicht in der Hand. Wir können aber davon erzählen.

Das Material der ANTIKEN ÜBERLIEFERUNGEN ist zusammengestellt bei Roscher II.1, 1890–94 (Nachdruck Hildesheim 1965) S. 974–985 (Engelmann), s. v. Kassandra; RE 1/2 (1918) Sp. 2290–2293 (Bethe), s. v.; Homer kennt Kassandra noch nicht als Seherin, in dieser Rolle ist sie ein Produkt der griechischen Literatur (also nicht – ein Einwand gegen Christa Wolf – vorgriechischer, gar matriarchalischer Geschichte oder Mythologie), so zuerst bei Pindar, dann bei Aischylos und Euripides; vgl. K. Ledergerber, *Kassandra. Das Bild der Prophetin in der antiken und insbesondere in der älteren abendländischen Literatur*, Diss. Fribourg, 1950; H. Hunger, *Lexikon der griechischen und römischen Mythologie*, Reinbek 1974, S. 210 ff.

Die zweite Erklärung findet sich in den Homer-Scholien zu Il VII, 44 (ABVD, in A wird Antikleides als Gewährsmann genannt); ferner bei Eustathios, *Homer* Il 663,40.

Die Geschichte von der Zurückweisung Apolls findet sich in Apollodors Bibliothek, 3,12,5 (angelegt bereits im *Agamemnon* des Aischylos, 1201 ff.) und bei Servius, zu Vergils *Aeneis*, 2,247 (vgl. *Serrianorum in Vergilii Carmina Comentariorum Havardiana*, Lancaster Pa. 1946, S. 389). Beide Ätiologien sind (in knapper Andeutung) verknüpft bei Hyginus, *Fabeln* 93.

HÖREN UND SEHEN: Die *Sehergabe* wird durch eine *Ohrenöffnung* verliehen! Was wie ein logischer Widerspruch im Mythos, hier eher: in der mythographischen Philologie, klingt, verweist seinerseits auf eine Dimension alttestamentlicher Prophetie. Das *Sehen* und das *Hören* gehören so eng zusammen, daß man kaum unterscheiden kann. Erinnert sei z. B. an Amos, der (Am 8, 1–3) einen »Erntekorb« sieht. Hier geht es weniger um eine »Vision« (wenn damit »theorematisch« – nach der Terminologie des Traumbuchs des Artemidor von Daldos – ein *Blick in eine andere Wirklichkeit*, z. B. himmlischer Erscheinungen gemeint ist) als um einen *anderen Blick auf die Wirklichkeit*, in diesem Fall auf einen »normalen« Erntekorb. Der Anblick dieses Korbes mit Sommerfrüchten verdichtet sich dem Seher zur Untergangsansage über Israel. Die Verknüpfung zwischen dem Gesehenen und der Deutung findet jedoch nicht auf der Bild-, sondern auf der Wortebene statt. *Ernte – Ende:* so etwa kann man (mit Wolff, BK XIV/2, z. St.) die hebräische Assonanz der Worte qajiṣ (etwa: Sommerfrüchte, Obsternte) und qeṣ (Ende) wiedergeben (oder mit der Verdeutschung der Zürcher Bibel: »reife(s) Obst« – »Reif zum Ende«). Der Seher ist nicht weniger (und nicht mehr, sondern zugleich) der Hörer. Das Gesehene schießt im Ohr zur Bedeutung zusammen. Ganz ähnlich ist es bei der Berufungsvision des Jeremia. Jeremia sieht einen »Mandelzweig«, und Jahwä bestätigt: »Richtig siehst du, denn ich werde wachen über meinem Wort!« (Jer 1,11) Diese (»richtige«) Übersetzung bleibt ganz unverständlich, weil und solange sie allein das Bild »übersetzt«. Wiederum bringt erst

Kassandra, eine der Töchter des Trojanerkönigs Priamos, besaß
die Gabe, untrüglich die Zukunft vorherzusehen und vorherzusagen, doch war über sie verhängt, daß niemand ihr Glauben schen-
ke. In der ANTIKEN ÜBERLIEFERUNG konkurrieren zwei
ätiologische Erklärungen der Sehergabe. Die eine erzählt, Kassandra und ihr Bruder Helenos hätten sich als Kinder einmal im Hain
des Apoll versteckt und seien, unbemerkt von den Eltern, dort eingeschlafen. Da hätten ihnen die heiligen Schlangen die Ohren aus-
geleckt und ihnen damit die Sehergabe verliehen. HÖREN UND
SEHEN gehören hier so eng zusammen, daß offene Ohren auch

---

das Ohr das Gesehene und das Gedeutete zusammen: *šoqed*, etwa wa-
chend (ich), ist ein Partizip, und der Mandelzweig heißt *šāqed*, weil der
Mandelbaum als erster der Bäume im Frühjahr »erwacht«.

Unterbrechen wir die Überlegung zum Zusammenhang von Hören und
Sehen bei Kassandra und den Propheten Israels für einen Seitenblick auf
die hier deutlich werdenden Probleme des »Übersetzens«. Am Beispiel von
Jer 1,11 erweist sich eine »wörtliche« Übersetzung (nämlich eine, die den
im hebräischen Text bezeichneten Baum *botanisch* korrekt identifiziert) als
unverständlich, ja als falsch, da sie zerschlägt, was im hebräischen Text als
Verbindung den Sinn herstellt. Ließe man einen »deutschsprachigen« Jeremia dagegen einen »Wacholder« sehen (dessen Name aus entsprechenden
Gründen mit dem »Wachen« zusammenhängt), so hätte man eine botani-
sche Unkorrektheit mit einer *phonetischen* Annäherung kompensiert. Ver-
deutscht man (mit Buber) den *šāqed* mit Hilfe eines Kunstworts »Zeitig-
reg« (Buber setzt fort: . . . »denn zeitig rege ich mich«), so betont man die
phonetische Ebene und verzichtet auf die Suggestion einer möglichen
Äquivalenz, wie sie ja auch der »Wacholder« nur unvollständig und zudem
eher zufällig anbietet. Wie immer man sich entscheidet: bei solchen Fragen
leuchtet das von H. Wollschläger *(Hans Wollschläger liest »Ulysses«,*
Frankfurt a. M. 1982, *Einführung,* S. 22) im Zusammenhang seiner *Ulysses*-Übersetzung in Erinnerung gerufene italienische Sprichwort »traditore
– traduttore« (Übersetzer – Verräter, ebd. S. 31) ebenso ein wie die bei
gleicher Gelegenheit zitierte Anweisung von Karl Kraus, »Übersetzen« als
Imperativ zu lesen: Üb'ersetzen! Diese Lesart enthält noch manche Tücke.
So wäre bei gleicher Auflösung manche Bibel*übersetzung* für den Leser
eine *»Übertragung«* – vor allem die neuesten Revisionen (nahe beim »Re-
visor« stehen »Die toten Seelen«). . .

Zurück zur Ätiologie der Sehergabe der Kassandra, die ihrerseits an den Zusammenhang von Hören und Sehen in der israelitischen Prophetie erinnert. Dabei ist in der hebräischen Bibel dieser Zusammenhang nicht etwa auf einige »Wortspiele« beschränkt. Denn von Wort-»Spielen« sollte man nur dann reden, wenn dabei mitgemeint ist, daß nur dieses »Spiel« die Sachen selbst aufdecken kann. Vor allem die Worte des Amos leben von Verbindungen und Zerreißungen. Sie reißen auseinander, was in den Hör- und Sehgewohnheiten der Angeredeten zusammengehört, und sie bringen überraschend in einen Zusammenhang, was in konventioneller Wahrnehmung nichts miteinander zu tun hat. So reißt Amos (Am 5,4 f.) auseinander, daß JHWH-Suche und Wallfahrten nach Gilgal, Betel und Beerscheba zusammengehören. Amos deckt so die Verdrängungen und Lügen auf, die darin bestehen, daß man an jenen Heiligtümern dankbar der Landnahme gedenkt, den Besitz des Landes im Kult aktualisiert, während zugleich in Israel immer mehr ehemals freie Bauern um *ihr* Land gebracht werden und ihre Rechte, auch ihr Kultrecht verlieren. In dieser Lage ist die Wahrheit in Lüge, das Recht in bitterer Wermut umgeschlagen (vgl. Am 5,7), angesichts dieses Mißverhältnisses haben Beten und JHWH, Gilgal, Beerscheba und der Gott Israels nichts miteinander zu tun – Amos zerreißt sprachlich, was in der verdrängten Wirklichkeit zerrissen *ist*. Ebenso aber kann Amos zusammenbringen, was für die Hörer auf verschiedenen Blättern steht. Diese Zusammenballungen wirken nicht minder entlarvend. Amos singt ein Lied auf das scheinbar blühende Israel (seine Zeit ist die eines wirtschaftlichen Wohlstandes – freilich nur für wenige), das Lied aber hat die »Melodie« eines *Leichen*liedes (Am 5,1 ff.). Diese *Kom*position klingt als schrille Dissonanz; ein solches »Wortspiel« tut ebenso weh, wie wenn Amos die (im Hebräischen ähnlich klingenden) Worte »Betel« und »Frevel« zusammenbringt (Am 4,4).

Stört der Prophet durch seine *Kom*positionen und seine *Kontra*punkte die Hörer und ihre Konventionen, so benutzt er andererseits eben diese Konventionen, um ihnen ihre unterschlagenen Konsequenzen zu entlocken. Wo die Hörer der *Unheils*ansagen über Israels Nachbarn (Am 1 f.) als Quintessenz eine Heilsansage über das eigene Volk erwarten (und vor allem deshalb den Unheilsansagen über die Nachbarn zustimmen dürften), endet Amos in einer mit viel härterem Maßstab formulierten Unheilsansage über Israel (2,6 ff) – und schlägt den Hörern gleichsam ihren eigenen Beifall um die Ohren. Das Beispiel der »Totenklage auf eine Lebende« (5,1 ff.) zeigt, daß nicht nur »Worte« und »Bilder« kon(tra)figuriert werden können, sondern auch »Worte« und »Melodien«, so daß zwei »Weisen« des Hörens gegeneinandertreten.

Wenn man von solchen Kon(tra)figurationen der kritischen Prophetie her nach gegenwärtigen »prophetischen« Symbolhandlungen fragt, wird man an überraschenden Stellen fündig. Environments, Collage- und De-

offene Augen bedeuten. Eine zweite Überlieferung erklärt ihre Gabe anders und im Blick aufs Verhängnis umfassender: Apoll habe sich in die schöne Königstochter verliebt und ihr die Seherga-

---

kompositionsformen der Kunst können in diesem Sinne prophetische Elemente zeigen – man denke an Joseph Beuys' Filzobjekte oder – um ein scheinbar noch entlegeneres Beispiel zu nennen – an Jimi Hendrix, der auf dem legendären Woodstock-Festival die amerikanische Nationalhymne auf der Gitarre »zerfetzte«. Es versteht sich, daß diese Elemente die Prophetie nicht hinreichend beschreiben – geschweige denn die wahre Prophetie. Doch ohne auch diese Elemente als prophetische zu erkennen, ließe sich kaum begreifen, was Prophetie ist.

Die Vermittlung, gerade das Zusammenbringen verschiedener Wirklichkeitsbereiche ist aber nicht erst eine Dimension prophetischer *Praxis*, sondern zuerst eine der prophetischen *Wahrnehmung* selbst.

Ein Prophet ist, wer mit den Ohren sehen, mit den Augen hören und mit der Haut lesen kann.

Wenn *Jona* etwas lernen könnte, wenn er am Ende des Buches den Widerspruch zwischen seiner allgemeinen »Weltanschauung« und seinem »Lebenswillen« begreifen und in eine Antwort bringen könnte, dann hätte Jona wohl weniger mit dem »Kopf« als mit der »Kopfhaut« »gelernt«. Die Frage, mit welchen »Organen« man etwas »erkennen« kann, gibt in Verbindung mit der Frage nach dem Verhältnis von »Begriff« und »Bild« Anlaß für zwei weitere »Knüpfungen« in diesem »Kommentar«:

Erkennen

Charlie Chaplins Stummfilm *City Lights (Lichter einer Großstadt*, 1931) erzählt die Geschichte des »kleinen Tramps«, der auf Grund eines Mißverständnisses von einem blinden Mädchen, das am Straßenrand Blumen verkauft, für einen Millionär gehalten wird. Die Liebe zu dem Blumenmädchen, das die armselige Gestalt des Tramps nicht sehen kann und sich seinerseits in den vermeintlichen Märchenprinzen verliebt, verbietet es »Charlie« sich zu erkennen zu geben. Auf abenteuerliche Weise erlangt er einen größeren Geldbetrag, mit dem er dem Mädchen eine Augenoperation ermöglicht. Doch ist das Gelingen der Operation das Ende der Beziehung, denn nun kann sich Charlie dem sehend gewordenen Mädchen erst recht nicht zeigen. Er beobachtet die ferner denn je gewordene Geliebte durchs Schaufenster des Ladens, in dem sie nun Blumen verkauft. Kichernd schauen die Verkäuferinnen hinaus auf den armseligen Verehrer der Kollegin. Sie geht vor die Tür, um ihm in einer Mischung aus Rührung und Mitleid etwas zuzustecken. Dabei berührt sie ihn – und ihre Hände erkennen ihn. Die Untertitel in der letzten Szene des Stummfilms, in der die Grenze zwischen Rührung und Einsicht vor den Tränen der Zuschauer zerfließt, geben den letzten Dialog wieder. Sie sagt: »You?« – Charlie nickt und fragt: »You can see now?« – »Yes, I can see now.« (»Du kannst jetzt sehen?« – und, so wird man betonen müssen: »Ja, *jetzt* kann ich sehen.«)

Die Augen des Mädchens sahen nicht, was die Hände »sehen« konnten. Zum Erkennen aber wird das Sehen der Hände erst durch das Wiedererkennen, durch die Erinnerung. Die Erinnerung und die Berührung der Hände schließen den Widerspruch zwischen den Traumbildern des blinden Mädchens und dem zuvor blind gebliebenen Blick des sehend gewordenen zusammen. In der erinnernden Berührung sind alle Bilder des Films *aufgehoben.* Nun ist Charlie der Märchenprinz und der Tramp – und damit beides nicht mehr.

Der Film und seine Schlußszene können mehrere theologische und philosophische Erörterungen in Gang setzen. Man kann ihn sehen wie eine moderne Wundergeschichte, eine, die wichtige Momente neutestamentlicher Heilungsgeschichten neu erzählt, vor allem, daß es zum Sehen nicht nur gesunder Augen bedarf.

Aber auch als dialektisches Modell ließe sich die Auflösung, genauer: Aufhebung, in der letzten Szene verstehen. Indem Charlie am Ende Märchenprinz *und* Tramp ist, bleiben die beiden widersprüchlichen Rollen aufgehoben; sie fließen ein in die neue Identität. Indem er weder der nur in den Träumen existierende reiche Wohltäter noch der nur Mitleid erzeugende arme Vagabund ist, sind beide Rollen aufgehoben, d. h. beseitigt. Indem das Märchenhafte real wird und die Realität in der Liebe märchenhaft wird, werden beide Rollen auf die neue des realen Geliebten (hin)aufgehoben. Schließlich – und auch das gehört zu den Momenten des »dialektischen Märchens« – mündet die Erkenntnis am Ende ein in den Ursprung. Denn Charlie war – im Film – immer schon mehr als der »Tramp« und mehr als der »Märchenprinz«, nämlich Mensch. Doch muß, was immer schon Möglichkeit war, erkannt werden, um sein zu können. Hier sind – und nur an diesen einen Aspekt der »modernen Wundergeschichte« und des »dialektischen Märchens« sollen sich hier weitere Überlegungen anschließen – die *Hände* das Organ der Erkenntnis.

Solche erkennenden Hände könnten das alte philosophische Problem des Verhältnisses zwischen dem Erkennenden und dem Erkannten (zwischen dem Subjekt und dem Gegenstand des Erkennens) zwar nicht lösen, aber doch ein wenig verrücken und so in neues Licht setzen. In diesem Licht wäre die platte Beobachtung, daß man nicht nur mit dem Kopf und dem Hirn erkennen kann, zu – um noch ein »Organ« zu nennen – *beherzigen.*

be verliehen. Kassandra aber habe sich nach anfänglicher Bereitschaft dem Drängen des Gottes verweigert, worauf der erzürnte Apoll der Gabe, alles richtig vorherzusagen, den Fluch hinzugefügt

---

Es ist nicht allein Ausweis eines rückständig-vorwissenschaftlichen Menschenbildes, wenn in der Sprache der Bibel die Teile des menschlichen Körpers anders und umfassender mit den Wahrnehmungen des Denkens und Fühlens verbunden werden als es moderner Physiologie und Anthropologie entspricht. Organ des Denkens ist im biblischen Hebräisch nicht der Kopf (und nicht wie bei den homerischen Helden das Zwerchfell), sondern das *Herz*. Freilich wird mit dem Herzen nicht nur gedacht; es ist, da kognitive und affektive Erkenntnis nicht getrennt werden, auch der Sitz von Trauer, Furcht und Freude. Die tiefsten Gemütsbewegungen sitzen aber — wie es bei uns noch einige von der biblischen Sprache herrührende Redensarten festhalten — in den *Nieren*, auch in der *Leber*. Das Wort für Nase kann oft geradezu als Wutschnauben und Zorn übersetzt werden. Das Wort, das in den deutschen Bibelübersetzungen mit »Seele« oder »Lebenskraft« wiedergegeben wird, bezeichnet zunächst einen realen Körperteil: die *Kehle*. Die Lebenskräfte schwinden, wenn einem die Kehle zugedrückt wird, und umgekehrt empfindet man Bedrohung, Angst und Lebensminderung, wie wenn einem die Kehle zugedrückt würde. Hier zeigt sich der wechselseitige Zusammenhang von Denken, Fühlen und Körperempfindungen. Dieses Wechselverhältnis schließt auch die Relation zum Mitmenschen ein: Das hebräische Wort für »Erbarmen« ist zunächst auch der Name einer Körperregion, der Eingeweide, des nicht von den Rippen geschützten Bauches. Es ist die schwache Stelle des eigenen Körpers, der die Schwäche des anderen zum Mitleid werden läßt. Wer selbst unverwundbar ist (oder sich dafür hält), ist erbarmungslos. (*Daher* wäre der im Weltraum installierte Schutzschild gegen alle Angriffswaffen, gerade wenn er totalen Schutz böte, eine so *aggressive* Waffe!)

Was die Psychosomatik als Zusammenhang von Denken, Empfinden und Körperlichkeit wiederentdeckt, hält die biblische Sprache wie selbstverständlich fest. Sie kann *so* auch von Gott reden. Er spricht nachdenkend mit seinem Herzen: seine Nase=Wut schnaubt im Affekt: seine Eingeweide fühlen Erbarmen. Eine Theologie, die es mit der Gottesebenbildlichkeit des Menschen und mit der Menschwerdung Gottes ernst meint, sollte eine solche Rede von Gott nicht als primitives (anthropomorphistisches) Gottesbild ausgeben, sondern von ihr ausgehen.

Erkennen ist in der Sprache der Bibel gleichsam mit allen Körperteilen möglich. Deshalb kann man, nur scheinbar paradox, mit dem *Herzen hören* und Gottes *Wort sehen*. Die Integration von denkender und fühlender

Erkenntnis in ihrer Körperlichkeit schließt sich zusammen in der Bedeutung des hebräischen Wortes für »erkennen« selbst. Die Formulierung: »Und Adam erkannte sein Weib Eva« (Gen 4,1 und mehrere entsprechende Stellen), die unzweifelhaft den Beischlaf bezeichnet, ist deshalb keine prüde Verhüllung des »eigentlich« Gemeinten, sondern das Gemeinte selbst: die intensivste Form von Erkenntnis, Sinnlichkeit, Körperlichkeit und In-eins-Gehen von Erkennendem und Erkanntem. Erkennen heißt: mit Menschen und Dingen vertraut werden. Wer über ein Musikinstrument »Erkenntnis hat«, wie es von David berichtet wird, ist nicht der Verfasser einer Musiktheorie, sondern der, der es zu spielen versteht. Und wenn es nach prophetischen Weissagungen einmal eine Zeit geben wird, in der die Menschen an der Stelle ihres steinernen Herzens ein Herz aus Fleisch haben werden (Ez 36,26) und die Forderung, Gott zu erkennen, überflüssig geworden ist (Jer 31,31 ff.), so ist da von einer Erkenntnis die Rede, die Leben, Denken, Fühlen, Wollen und Sein einschließt. Erkenntnis und Sinnlichkeit gehen hier zusammen − von der Vorstellung, man müsse, um zu Erkenntnis zu gelangen, die Empfindungen des Körpers überwinden, sind solche biblischen Hoffnungen weit entfernt.

Gegenüber solchen Erinnerungen entlarvt sich das marktschreierische, inflationäre Gerede von den »neuesten Erkenntnissen«, von dem unsere Zeitschriften voll sind, selbst. Die Trauer, daß in der Philosophiegeschichte die Erkenntnistheorie zu einer Geschichte der Kopfarbeit verkürzt wurde, wird fast gering gegenüber dem Erschrecken davor, daß die »Erkenntnisse« inzwischen aus der Sprache der Philosophie ins Vokabular der Polizei und des Verfassungsschutzes abgewandert sind. Wenn es stimmt, daß es etwas über den Zustand des Bewußtseins einer Gesellschaft aussagt, welches ihre »Erkenntnisorgane« sind, dann wird ein solcher Sprachgebrauch zum Indiz. Enthüllender aber noch dürfte ein paralleler sein: Was heißt es, wenn jemand sagt, er wolle sich *erkenntlich zeigen*?

Verhüllen

Manche Kinder weigern sich, ihre Schokoladenosterhasen auszuwickeln und aufzuessen. Mehr als die Pietät vor der Tierfigur läßt sie die Erfahrung scheuen, daß die ausgewickelte Figur ihren Zauber verloren hat. Ohne Hülle schon fast formlos, fällt sie beim ersten Biß in Schokoladentrümmer zusammen.

Die Erfahrung der Kinder ist zwiespältig. Womöglich sind sie bereits der Verführung der Verpackungskünstler aufgesessen, die die Verhüllung als die Sache selbst ausgeben. Doch instinktsicher ahnen sie, daß die nackte Wahrheit in den wenigsten Fällen hält, was die Verhüllung verspricht. Die Scheu vor der Entzauberung durch das zupackende Herunterreißen der Hüllen kann zur Bundesgenossin des falschen Zaubers werden. Doch

habe, daß niemand ihr Gehör schenken werde. Das habe er dadurch bewirkt, daß er ihr, die ihm den Kuß versagte, in den Mund spie.

---

ebenso leicht führt der Drang, stets hinter die Dinge zu blicken, an den Dingen selbst vorbei.

Die wolkigen Reden von Politikern sind ebenso unangenehm wie die vorgebliche Wahrheitssuche des Enthüllungsjournalismus. Wo Hemmungslosigkeit mit Freiheit verwechselt wird, wird einem die Luft eng, und wo Verschleierungen als die Wahrheit ausgegeben werden, nicht minder. Halbe Wahrheiten sind ganze Lügen, aber die – religiös oder philosophisch begründete – steile Forderung, stets und unter allen Umständen die Wahrheit zu sagen, macht sich zuletzt zum Handlanger der Gewalt. So als ob nicht diejenigen, die in der Nazi-Zeit ihre Nachbarn denunzierten, sie hörten »Feindsender«, in der Regel die »Wahrheit« gesagt hätten ...

Deshalb lautet das biblische Gebot nicht in unzweifelhafter Eindeutigkeit »Du sollst nicht lügen!«, sondern: »Du sollst nicht falsch Zeugnis reden wider deinen Nächsten!«

Hier wird etwas davon deutlich, daß »Verhüllung« nicht nur etwas mit Ästhetik, sondern ebenso etwas mit Ethik zu tun hat. Das Wegreißen der Hüllen ist ja nicht nur deshalb gefährlich, weil es zu Enttäuschungen führen könnte, sondern mindestens ebenso, weil es das aus gutem Grund Verhüllte verletzen kann. Und umgekehrt begünstigt die Verschleierung nicht nur den schönen Schein, sondern auch den bösen Trug.

Gibt es Regeln, nach denen bestimmt werden könnte, welche Gefahr die jeweils größere und deshalb vor allem zu meidende ist? Wer schützt solche Regeln davor, selbst zum Bestandteil des Problems zu werden, das sie doch lösen helfen sollen? Womöglich sind Erinnerungen und Geschichten geeigneter, Gefahren und Lösungen zu benennen, als es Regeln je sein könnten.

Nicht ohne Grund gehören das Verhüllen und Tarnen, das Enthüllen und Heraustreten der wahren Identität zu den häufigsten und wichtigsten Märchenmotiven. Da ist der Wolf, der sich als Großmutter verkleidet, und sein Artgenosse, der mit wachsender Geschicklichkeit den Geißlein vortäuscht, ihre Mutter zu sein. Doch bevor die »Moral«, daß hinter der freundlichen Verhüllung allzuoft ein böser Kern steckt, zum Dauermißtrauen als Verhaltensregel erstarren könnte, erzählen Märchen derselben Sammlung Entgegengesetztes: der häßliche Frosch ist »in Wirklichkeit« ein schöner Prinz, und der dümmste und verachtetste der Söhne ist der zum Glück bestimmte. Nicht das scheinbar ausgewogene und doch beide Seiten der Wahrheit verratende »sowohl-als auch« ist die Haltung, in der solche

Märchen Erfahrungen weitererzählen, sondern das Wissen, daß eine Geschichte oft nur dann wahr sein kann, wenn ihre auf andere Weise ebenso wahre Gegengeschichte miterzählt wird. Lebt das Märchen vom Froschkönig von »mehr sein als scheinen«, so wird die umgekehrte Parole dem tapferen Schneiderlein zum sympathisch-listigen Modell der Rettung. Das Durchbrechen der Verhüllung, das Aufdecken der wahren Idéntität kann den Zauber brechen. So beruht die Gewalt des Rumpelstilzchens auf der Verborgenheit seines Namens. Einmal enttarnt, ist der Bann gebrochen. Aber auch diese »Enthüllungsstory« taugt nicht zum Rezept. Denn die Frage nach dem Namen und dem »woher« kann, so wird auch erzählt, ebenso den Zauber der guten Mächte beenden: Lohengrin enthüllt seinen Namen und entschwindet — das Verlangen, hinter die Sache zu blicken, ließ hier von der Sache nichts übrig.

Enthalten diese Geschichten, wenn schon kein Rezept, so doch eine Erfahrung, die als Rat weitergegeben werden kann? Ihre Kraft haben sie zuerst darin, daß sie der Neigung, ihre »Moral« auf Flaschen abzuziehen, immer wieder selbst widersprechen.

Wer hinter jedem freundlich blickenden Menschen stets den verkleideten Wolf wittert und darum Abstand hält, der wird nie erfahren, daß hinter der Dornenhecke eine verzauberte Prinzessin und im Frosch ein verwunschener Prinz auf Erlösung wartet. Und wer es dem tapferen Schneiderlein gleichtun und sich mit Halbwahrheiten durchschlagen will, der darf sich nicht wundern, wenn er einmal wie Rumpelstilzchen enttarnt und erledigt wird.

Die Klugheit der Märchen erkennt die Doppelgesichtigkeit der Verhüllung noch in verhülltester Form. Denn daß sich noch die Nacktheit als Verhüllung tarnen kann, ist ja der Witz des Märchens von des Kaisers neuen Kleidern. Alle sehen, daß der Kaiser nackt ist, und niemand darf es aussprechen, da die Parole ausgegeben ist, es sei ein Beweis der Tugend, zu sehen, was nicht existiert. Die politische Seite dieses Märchens ist offenkundig. Denn kaum weniger gefährlich als die Wölfe im Schafspelz sind die Schafe im Wolfspelz.

Wenn in solchen Märchen ein Rat für viele steckt, dann wohl der: Es könnte immer noch etwas anderes dahinterstecken! Noch im Geringsten gibt es etwas zu entdecken, und das Imposanteste kann in sich zusammenfallen, wenn ein kluges Kind ausspricht, was alle sehen und doch nicht sehen wollen, z. B. daß der Kaiser nackt ist.

Sich auf Überraschungen einlassen, auch wenn alle sagen, es sei nun einmal so, wie es ist — das wäre der Rat dieser Geschichten.

Biblische Geschichten enthalten nicht selten Motive, die in den Märchen aufgenommen sind. Der geringste unter den Brüdern, den keiner auf der Rechnung hatte, ist David, der zum König ausersehen. Was wir den geringsten unserer Brüder tun, das haben wir nach Matthäus 25 dem größten König getan, ja, es ist die einzige Weise, es an Christus zu tun. Die

Die Konstellation weist über Kassandra hinaus: Offene Augen und Ohren und ein Würgen im Hals — die Lage derer, die sehen und hören, was ist, und die deshalb, würgend am Gesehenen und

---

Gäste, die Abraham bewirtet, erweisen sich als Gott selbst, und der Wanderer auf dem Wege nach Emmaus zeigt sich den Jüngern als der Auferstandene. Die Wahrheit tritt beidemale nicht so zutage, daß die Verhüllung heruntergerissen würde — Abraham und die Jünger erkennen Gott nicht *hinter,* sondern *in* der geringen Gestalt.

Deshalb enden beide Geschichten nicht mit einer Demaskierung. Da wird kein »Incognito« gelüftet, sondern erkannt, daß die »Hülle« zugleich die »Fülle« ist.

Im Lichte solcher Geschichten ist die Frage zu verhandeln, ob und wann die Religion selbst eine Verhüllung sei. Ist die Rede von der himmlischen Gerechtigkeit eine Verschleierung (und damit Abwiegelung) der Forderung nach der irdischen? Oder ist sie die nachdrücklichste und vielleicht einzige Weise, die Forderung nach der Gerechtigkeit auf der Erde ganz ernst zu nehmen und an ihr festzuhalten gegen alle Entstellungen und gegen alle Erfahrung ihres Ausbleibens? Religion muß zu oft als Ersatz für verweigerte Lebensrechte herhalten; nicht selten sind es religiöse Prunkgewänder, die das offenkundige Elend verdecken. Gegenüber solchem Mummenschanz ist permanenter Aschermittwoch angesagt: die Masken müssen fallen! Die Dürftigkeit des Demaskierten aber ganz ernst zu nehmen, sie zu erkennen, auszuhalten und doch nicht hinzunehmen — das wäre dann wohl eine andere Religion, eine, die hilft, im Geringsten und Bedürftigsten die Forderung nach Erlösung und ebenso und zugleich das schon Erlöste wahrzunehmen. Eine biblische Geschichte, die als ganze von Enthüllungen, Verhüllungen und falschen Versprechungen der »nackten Wahrheit« handelt, ist die Paradiesgeschichte in Gen 2;3 (vgl. Verf., *Ursprung und Ziel,* S. 111 ff.). Doch auch die Exodus- und Wüstenwanderungsgeschichten sind Erzählungen von Ver- und Enthüllungen. In der Wüstenwanderung Israels zog Gott dem Volk voran, tagsüber in einer Wolkensäule, nachts in einer Feuersäule. Die beiden Erscheinungsweisen Gottes unterscheiden sich, wie die dunkle, verhüllende Wolke und der helle, alle Schleier durchbrechende Feuerschein sich unterscheiden. Die beiden Erscheinungsweisen Gottes haben gemeinsam, daß sie sich zum jeweils Gegebenen strikt entgegengesetzt verhalten: Ist alles dunkel, zeigt das Licht des Feuers den Weg, ist alles hell, wird die Wolke in der richtungslosen Helligkeit zum Wegzeichen.

Die durchdringende Klarheit des Begriffs und die dunkle Metapher, das zu entschlüsselnde Bild, haben womöglich in ähnlicher Weise, wenn sie sich ähnlich zum je Gegebenen verhalten, ihr Recht.

Die Erleuchtung (ein anderer Name für die Aufklärung) kann kritisch sein, wo sie Dunkles erhellt. Wo sie aber noch die Helligkeit überstrahlen will, wird ihr Licht zur kalten Neonröhre und zur Verhörlampe. Und umgekehrt hat das Dunkel der Mythen dort sein Recht, wo es auf die Schattenseiten der nur scheinbar erleuchteten Welt verweist. Wo aber die verschleiernde Irrationalität, die Herrschaft des Nichtdurchschauten durch Neomythologie salviert wird, wo die Mythen dazu benutzt werden, das Bündnis von Dumpfheit und Gewalt zu zementieren, da bedarf es des Lichts, das die Schleier zerreißt.

So könnten Feuersäule und Wolkensäule zwei Weisen der Erkenntnis bezeichnen. In der Wüstenwanderung Israels – und in allen Wüsten zwischen dem Auszug aus dem Sklavenhaus und dem Einzug ins gelobte Land – geht es nicht allein um Erkenntnis. Es geht immer auch um Praxis: um den Weg der Befreiung.

In Ex 13,21 heißt es:
»Der Herr aber zog vor ihnen her, am Tag in einer Wolkensäule, um ihnen den Weg zu zeigen, und des Nachts in einer Feuersäule, um ihnen zu leuchten,

damit sie bei Tag und bei Nacht wandern könnten.«

Wie können WAHRE WORTE MEHRHEITSFÄHIG sein, wenn die Verhältnisse von Lügen und Verschleierungen beherrscht sind? *Kann* da, wer die Wahrheit sieht und sagt, gehört werden? Gehört wird, wer sich den Regeln der Lüge und der Verschleierungen anpaßt. Welche Lücken, welche Möglichkeiten des Überbietens oder des Unterlaufens der Regeln der Lüge gibt es, wenn beide Sätze gelten? Denn dann muß ja auch gelten: Wer gehört wird, der *hat nicht* die Wahrheit gesehen und gesagt. So wird das kritische Wort zum affirmativen, die verdrehten Verhältnisse bestätigenden, sobald es akzeptiert wird. Die Herrschenden verstehen sich auf dieses Spiel. Das Kabarett verliert seine Zähne, wenn unten im Saal die Kritisierten selbst sich vor Vergnügen auf die Schenkel klopfen und dem Fernsehpublikum Humor demonstrieren. Ein deutsches Motto lautet: Spaß *muß* sein! Noch die »Birnenwitze« nutzen dem so Bespöttelten, sichern sie doch die Volkstümlichkeit, die in der Manifestation des Widerwillens der Denkenden gegen jenes Maß der Riesenzwerge noch ihren Triumph findet, indem sie das Bündnis aller Chargen bürgerlichen Heldenlebens gegen die Intellektuellen festigt, die doch alles nur kritisieren=kaputt machen wollen. Und läßt sich die Misere nicht vertuschen, so gilt nach altem Muster der Unglücksbote als schuldig. Miesmacher sind nicht die Vergifter, sondern die Aufdecker. So gelten *noch immer* (nämlich so oft schon: *schon wieder*) die Tucholskys und Ossietzkys als staatsgefährdend, während man zu höchsten Staatsämtern in der BRD eher als Jasager bei den Ermächtigungsgesetzen, als offizieller Kommentator der Nürnberger

Gehörten, nicht so fröhlich, so ungebrochen, so unvergällt sprechen können, daß ihre WAHREN WORTE MEHRHEITSFÄHIG sind.

Rassengesetze, als NS-Parteimitglied und als »furchtbarer Richter« kommen konnte denn als aktiver Antifaschist. Das alles ist bekannt, nicht auf Deutschland beschränkt und nicht erst heute gültig. Dabei hält sich auch das bürgerliche Heldenleben seine »Kritiker«. Schließlich lassen neuerdings die Schlagersänger zuweilen einmal ein kritisches Lied einfließen, Protest gegen Hunger, Zerstörung der Lebenswelt, Krieg – all das läßt sich vermarkten. Wie die deutschen Maoisten ihre nachhaltigste Wirkung in der Umsatzsteigerung von »Ma-o-am« erzielten, so wirkt die Frauenbewegung, die Friedensbewegung, die Ökologiebewegung am zuverlässigsten nachprüfbar in den Hitparaden. Schlimmer noch ist der Rückschlag: Kann man eigentlich einen Satz, der zum Schlagertext oder zum Argument in Politikerreden wurde, noch als wahren Satz aussprechen?
Man kann nicht, aber man muß.

Mireille Matthieu hat Edith Piaf zerstört – und doch: »je ne regrette rien« / der »heilige« Franz hat den armen Mönch aus Assisi erdrückt – und doch: »Bruder Wolf« / das liebe Jesulein, der Heiland und der triumphalistische Pantokrator haben selbdritt den Jesus von Nazareth schier erdrosselt – und doch: »Was ihr dem geringsten meiner Geschwister getan ...« / der Operetten-Tewje und die anscheinend nach dem Rundfunkratproporz periodisch als leichtverträgliche Revueveranstaltung ausgestrahlten jiddischen Folksendungen haben die jüdischen Lieder in Schmalz ersäuft – und doch: »schpilt, ajch, libe Kinderlech« / das Unisono aus dem Wertehimmel aller gegenwärtig »staatstragenden« Parteien hat die Parolen der französischen Revolution in ein »(B)Analgeticum« verwandelt – und doch: »Freiheit, Gleichheit, Brüderlichkeit!« / die falsche Alternative zwischen dem allmächtigen Herrschergott und der Ablehnung Gottes, weil er ja nur dieser sei, hat den Gott Israels, der das Leben und nicht den Tod will, fast zum Verstummen gebracht – und doch: »Lege deine Hand nicht an den Knaben!«
»In jeder Epoche muß versucht werden, die Überlieferung von neuem dem Konformismus abzugewinnen, der im Begriff steht, sie zu überwältigen.« (s. u. S. 155). Dieser Versuch ist sisyphosähnlich per definitionem.
R. Tarphon aber sagte (*Mischna Abot II,20*): Es obliegt nicht dir, die Arbeit zu vollenden, doch es steht dir nicht frei, dich dieser Arbeit zu entledigen!«

AISCHYLOS, AGAMEMNON, 1080–82. Die Verbindung zwischen dem Gottesnamen und dem Partizip des Verbs ἀπόλλυμι (»Vernichtender«) ist im Deutschen kaum wiederzugeben. Der Doppelaspekt (Pestgott und Heilgott) ist (unabhängig von der Frage der Etymologie) mit Apollon im Kern verbunden. Daß er sich für Kassandra als eigene Zerrissenheit manifestiert, geradezu als Privileg zur Verzweiflung, ist Grundlage bereits in Schillers Gedicht *Kassandra* (1802). –
Zur Kassandrafigur bei Aischylos vgl. E. Fraenkel, *Die Kassandraszene in der »Orestie«,* in: ders., *Kl. Beitr. z. Klass. Phil.,* 1, Rom 1964, S. 375–387.

Nicht der MYTHOS ist jedoch der ursprüngliche Ort der Kassandra-Figur, sondern die Literatur. Dieser Einwand gegen Christa Wolfs Umgang mit den Kategorien »mythisch« und »sozial und historisch« betrifft auch die gegenwärtige Rezeption. Es waren die *literarischen* Arbeiten von Homer und Pindar, die *literarischen* Arbeiten der Tragiker und später die der Mythen*produzenten* wie Vergil bis hin zu denen der späten Mythographen und Kommentatoren wie Eustathios und Servius, die die Kassandra in die mythischen Koordinaten *hinein*geführt haben. Christa Wolfs Dekomposition des Mythos müßte, wäre sie konsequent, die Kassandra-Figur als literarische Gestalt unter je vorliegenden sozialen und historischen Bedingungen freilegen. Christa Wolfs »eigene« Kassandra im Kontext der Bruchstelle zwischen matristischen und patriarchalischen Strukturen ist ebensowenig historische Figur wie die Kassandra des Aischylos, ja, man kann fragen, ob dieser Kontext selbst nicht eher mythische als historische Koordinaten hat.

VEREINZELT ist Kassandra, weil sie das Sehen von den Verblendeten trennt. Sehen macht einsam – auch das ist ein Zug, der diese Seherin mit Israels Propheten verbindet, man denke an den einen Micha ben Jimla und seine »Sicht« gegen die Verblendung der 400 Propheten (1 Kön 22), man denke aber auch an die »Konfessionen« Jeremias, die sehr persönlich formulierten Reden über die Rolle des einsamen, leidenden Propheten, die sich in Abschnitten innerhalb der Kapitel Jer 11.12.15.17.18 und 20 finden.
VEREINZELT ist Kassandra aber noch in einer anderen Hinsicht. Es ist ihr Mut, der sie auch unfähig macht, die tauben Ohren der Menge als Folge der Angst zu verstehen. Wie Kassandra, weil sie sieht, was ist, nicht mehrheitsfähig *reden* kann, kann die Mehrheit, *weil* sie Angst hat, nicht *hören,* was Kassandra sieht. Die Durchbrechung dieses Teufelskreises, in dem Verstehen nicht möglich ist, müßte auf beiden Seiten ansetzen. Wie es einen Mut gibt, der der Angst vor der Angst entspringt (diese Angst macht militärische Helden), so gibt es auch einen Mut zur Wahrheit, der aus der Blindheit gegenüber der Angst der anderen resultiert. (Auf diesen Zug

So ist Apoll zugleich der Gott, der Kassandra mit seiner Gabe aus der Menge heraushebt, sie zum Individuum macht (was den Frauen der Epen nur als Beute- und Lustobjekt oder als Opfer der göttlichen oder sonst *un*menschlichen Helden »vergönnt« ist), *und* der, der sie vernichtet. Apollon ist ihr zum ἀπόλλων geworden, zum Vernichter:

> Ἄπολλον, Ἄπολλον
> ἀγυιᾶτ᾽, ἀπόλλων ἐμός
> ἀπώλεσας γὰρ οὐ μόλις τὸ δεύτερον

»Apollon, Apollon! Weggeleiter, mein Vernichter. Vernichtend bist du mir doch jetzt zum zweitenmal.« So klagt Kassandra im AGAMEMNON, dem ersten Teil der *Orestie* des AISCHYLOS, als Beutesklavin nach Mykene verschleppt, bevor sie − wie hernach ihr Erbeuter − dem »Menschenschlachthaus« der Atriden zum Opfer fällt. Bei den Steinlöwen von Mykene, kurz vor ihrem Ende, setzt bei Christa Wolf der erinnernde Monolog der Kassandra ein, den die Erzählung darstellt. Die Autorin führt Kassandra aus dem MYTHOS »in die (gedachten) sozialen und historischen Koordinaten« (*Voraussetzungen*, S. 111) zurück: »Sie ›sieht‹ die Zukunft, weil sie den Mut hat, die wirklichen Verhältnisse der Gegenwart zu sehen.« (S. 96) Ihre »Sicht« VEREINZELT sie, sie erlebt einen

---

macht im Zusammenhang der Kassandra-Figur und zugleich im Kontext psychologisch-politischer Thematik Thea Bauriedl in ihrem Buch *Die Wiederkehr des Verdrängten*, München 1986, aufmerksam.) Die Einsamkeit, die aus solchem Mut zur Wahrheit entsteht, trägt nicht selten Züge der Kälte, die der Einsame selbst verbreitet. Wie aber gehen die Wahrheit und der Wärmestrom gegen das Packeis zusammen? Es geht dabei auch um das Verhältnis der Intellektuellen zur Menge: Elite oder Avantgarde (dazu u. S. 117). Zur Debatte steht damit eines der Themen, die K. Heinrich in seiner Konfiguration *Parmenides und Jona* (2. verb. Aufl. Frankfurt a. M. 1982, der Titelaufsatz S. 61−128) verhandelt. Für Parmenides ist die »doppelköpfige blöde Menge« (vgl. Fragm. 6 Diels, dazu Heinrich, S. 90) gekennzeichnet durch das Schwanken, durch die *Zweideutigkeit*. Diesem Schwanken zwischen Sein und Nichtsein begegnet Parmenides zugleich elitär und exorzistisch. Das Bedrohliche, das sich für ihn als das μὴ ὄν manifestiert (vgl. Heinrich, S. 85 ff., bes. S. 87 zu Diels Fragm. 8), will er denkend bannen. Deshalb ist sein berühmter Spruch, demzufolge *das Nichtseiende nicht sei,* weniger ein ontologischer Satz als eine exorzistische Sprachhandlung. Das »Anathema« gilt dem Nichtigen, dem Zweideutigen ebenso wie der Menge, die ihm verfallen bleibt.

Der Versuch, der Zweideutigkeit zu entgehen, ist Antrieb auch der Flucht des Jona. *Seine* Kraft ist die der Moral. Ihr gilt, wie noch zu zeigen ist, die Kritik der Jonaerzählung. Wenn es aber nicht darum zu tun ist, der Zweideutigkeit zu entkommen (weder menschenverachtendes elitäres Denken noch die menschenverachtende solipsistische Moral können als Mittel gegen Gewalt und Kälte verschlagen), dann stellt sich umso deutlicher die Frage, wie man in der Zweideutigkeit bleiben kann, ohne ihr als Indifferenz der Praxis zu erliegen. Mit den Stichworten »Zweideutigkeit« und »Moral« sind Themen bezeichnet, die in dieser Konfiguration und den Fragen, die sie heute stellt, immer wieder auftauchen.

DAS NEUE TROJA, Rom, eroberte Griechenland und kehrte die Rollen von Siegern und Besiegten um. Die Rollen wurden vertauscht, das Spiel und seine Regeln blieben die gleichen. So steckt in jedem Sieg die künftige Niederlage. Kassandras Rede an die Griechen ist deshalb zugleich bereits die Rede an die Römer, die in Wahrheit die Erben der Sieger sind. »Ihr könnt nicht *leben,* weil ihr ewig *siegen* wollt« – so, im Anschluß an Kassandras Dialog mit dem Wagenlenker (*Kassandra,* S. 132 f.), H.-E. Richter, *Angst, Hoffnung und Engagement in der Sicht psychosozialer Berufe,* in: P. M. Pflüger (Hg.), *Apokalyptische Ängste und psychosoziale Wirklichkeit,* Fellbach-Oeffingen, 1985, S. 69–85 (hier S. 69). DAS NEUE TROJA läßt gerade nicht das alte *wiederaufleben,* sondern wiederholt immer neu die Geschichte seines Untergangs, indem es sie an anderen vollstreckt. Kassandra verweigert sich der Wiederholung, nach deren Muster »Sieg auf Sieg am Ende Untergang bedeutet« (*Kassandra,* S. 132, vgl. M. Bergelt, *Empathische Vernunft,* bes. S. 123 f.); Christa Wolf setzt gegen diese »Wiederholung« die Erinnerungsarbeit einer »Wieder-holung« (zu diesen beiden Aspekten der »Wiederbelebung« bei Kierkegaard J. Mertin, *Negationserfahrungen denken. Zur philosophischen Auseinandersetzung mit dem Hiobproblem,* Anstöße 31, 1984, S. 155–168). DAS NEUE TROJA, Rom – und danach das byzantinische 2. Rom, das 3. Rom in Moskau und das wiedergekehrte Rom in den USA – erklärt je den eigenen Sieg als Zustand des Friedens. Gerade dieser Friede (zur pax Romana und ihrer neutestamentlichen *Gegen*geschichte vgl. K. Wengst, *Pax Romana, Anspruch und Wirklichkeit,* München 1986; zur Ideologiegeschichte auch R. Faber, *Politische Idyllik,* LGW 26, Stuttgart 1976/77, bes. Kap. I, S. 20 ff.) stabilisierte die Gewaltstrukturen. Vollends den Regeln der Gewalt erliegt, wer sich von ihnen noch die Hoffnung vorgeben läßt. Gegen die immer neu (v)erlogene Hoffnungsparole, derzufolge endlich die Richtigen siegen sollen, steht die biblische (und nur selten als christliche erkannte) Hoffnung, daß

schmerzlichen Loslösungsprozeß, indem »sie begreift, daß ›die Ihren‹ nicht die Ihren sind.« (ebd.) Noch dem Geliebten, Aeneas, verweigert sie sich: »Einen Helden kann ich nicht lieben. Deine Verwandlung in ein Standbild will ich nicht erleben.« (*Kassandra*, S. 156) Sie will nicht mit ihm fliehen, um ein »neues Troja irgendwo zu gründen.« (ebd.) Kassandra verweigert sich aus dem Wissen, daß die Geschichte so verlaufen werde, wie sie verlief. DAS NEUE TROJA *wurde* gegründet – es dauerte als »imperium Romanum« viele Jahrhunderte, und es dauert als »pax Romana, pax Americana, pax Sovietica« bis heute. Kassandra verweigert sich der Weltgeschichte, der Heldengeschichte, der Männergeschichte, der Geschichte, deren »ROTER FADEN« ein Blutstrom ist. Außenseiterrolle, Wahnsinnsverdacht, Verhöhnungen, Verfolgungen – das alles ist für Kassandra der Preis und die einzige Chance der Individuation zugleich. Nur so entgeht sie dem Geschick, zum Objekt zu werden. Doch Beute wird auch sie:

---

das Siegen-Müssen endlich aufhöre. Gegen die Hoffnung auf das Ende des Feindes steht die Hoffnung auf das Ende des Feind-Seins (vgl. zur Kontrafiguration einer römischen und einer biblischen Friedenshoffnung am Modell von Jes 11 und der 4. Ekloge Vergils Verf., *Ursprung und Ziel*, S. 75–89 – »Ende des Feindes oder Ende der Feindschaft?«)

»ROTER FADEN« und »Text«

> »Mir scheint die Frage, ob ein Dichter ein Mann oder ein »Weib« sei, schwer zu beantworten.«
>
> (R. Walser)

»Andererseits: nur wer Konflikte kennt, hat etwas zu erzählen. Der Chorgesang der Priesterinnen, ganz und gar eingebettet in den Jahresablauf einer wenig differenzierten Menschengruppe, ist ein Hymnos, erzählt wird da nichts. Erst als Besitz, Hierarchie, Patriarchat entstehn, wird aus dem Gewebe des menschlichen Lebens, das die drei Uralt-Frauen, die Moiren, in der Hand hatten, jener eine blutrote Faden herausgerissen, wird er auf Kosten der Gleichmäßigkeit des Gewebes verstärkt: Die Erzählung von der Heroen Kampf und Sieg oder Untergang. Die Fabel wird geboren. Das Epos, aus den Kämpfen um das

Patriarchat entstanden, wird *durch seine Struktur* auch ein Instrument zu seiner Herausbildung und Befestigung. Vorbildwirkung wird dem Helden auferlegt, bis heute. Der Chor der Sprecherinnen ist verschwunden, vom Erdboden verschluckt. Als Heroine kann die Frau nun Gegenstand der männlichen Erzählung werden. Zum Beispiel Helena, die, zum Idol erstarrt, in den Mythen überlebt.« (Christa Wolf, *Voraussetzungen*, S. 147)

Christa Wolf handhabt den griechischen Mythos eigenwillig. Denn bereits bei Hesiod *spinnen* die Moiren (die späteren römischen Parzen) einen *Faden*. Klotho spinnt den Lebensfaden eines jeden Menschen, Lachesis mißt ihm den ihm zukommenden Anteil ab, und Atropos (die Unabwendbare) schneidet ihn an der zugemessenen Stelle ab. So ist bereits das Tun der Uralt-Mütter am Bild des gesponnenen Fadens ausgerichtet, einlinig, nicht am Bild des Wirkens und Webens. Und doch läßt mich Christa Wolfs Metaphorik nicht los. Dem Bild entspricht der Gedanke des Webens, des Gewebes, des »Textes« (lat. *textus* − Gewebe), d. h. des Flächigen gegenüber dem »roten Faden«. Wer nach dem »roten Faden« eines »Textus« fragt, vermindert den Text um seine Flächigkeit und bringt ihn um das, was ihn ausmacht. Der »rote Faden«, den alle teleologische Betrachtung aus dem »Text« herauszieht, tut ihm selbst Gewalt an. Es ist die Gewalt der *Geschichte* gegenüber dem *Leben*, anders gesagt: die Verminderung der Geschichten um ihr Plural-n. Wo aus Geschichten Geschichte wird, geraten die Muster zur »Musterung«. Der »rote Faden« bezeichnet ja nicht nur die Konsistenz des einlinigen Verlaufs, sondern auch den kontinuierlichen Blutstrom, der die Geschichte nicht nur begleitet, sondern auch *ist*. Doch vermindert um den »roten Faden«, ist das alte Gewebe nicht mehr heil. Wer zum Gewebe zurück will und dabei gern verzichten möchte auf den Blutfaden, findet sich wieder im Ungestalten des zerstörten »Textes«. Wer die »Texte« ohne ihre Geschichte in die Hand nehmen will, dem ist die zugleich um den Strom des lebendigen Blutes, des Lebens, verminderte Textur nicht mehr entzifferbar. Die Parole »Zurück zu den Müttern!« weist einen Weg nur zum *zerstörten* Ursprung. Wer ihn als heilen Ursprung ausgibt, sitzt einem Trug auf und betrügt andere. Der Preis, der für diesen Trug zu zahlen ist, ist der Verlust der Individuation. Christa Wolf muß, weil sie diesen Preis nicht zahlen und diesem Trug nicht folgen will, einen anderen Preis entrichten. Kassandra, die Gegenfigur gegen alles Heldentum, wird ihr unweigerlich zur Heldin. Die Gegenthese, bei Christa Wolf selbst dargestellt am Gedanken der Bettine von Arnim − gegen die Günderrode (vgl. den Anfang des o. S. 20 genannten Aufsatzes von S. Weigel) −, daß die überkommene Ästhetik selbst vom Patriarchalisch-Heldischen tingiert sei und weibliches Schreiben deshalb ganz andere Formen entwickeln müsse, statt in den patriarchalischen Formen gegen die patriarchalische Gewalt anzurennen, ließe allein den Weg des Verschwindens des Individuums »Kassandra«. Wenn aber der Zusammenhang von Individu-

»Am Ende ist sie allein, Beute der Eroberer ihrer Stadt. Sie weiß, daß es für sie keine lebbare Alternative gegeben hat. Die Selbstzerstörung Troias kam der Zerstörung durch den äußeren Feind entgegen. Eine Periode wird kommen, in der Machtstreben und Gewalt dominieren. Aber nicht alle Städte des ihr bekannten Erdkreises werden zerstört werden.« (*Voraussetzungen*, S. 96 f.)

Mit diesen Sätzen schließt Christa Wolf in den *Voraussetzungen* den Entwurf der Erzählung. Die Erzählung selbst enthält zusammen mit dem erschreckend kalten Trost, daß nicht alle Städte der

---

ation und Gewalt (hier als Weg vom ungeschiedenen Chor der Frauen zum einzelnen Helden) unwiderruflich und Teil der Dialektik jeder Aufklärung ist, dann dient die Erinnerung ans Vorpatriarchalische nur noch und zugleich immer noch der Trauerarbeit. Nicht die Rekonstruktion des heilen Ursprungs wäre die Aufgabe, wohl aber die Spurensicherung in den alten »Texten« (so zerstört ihre Textur auch sein mag). Denn solange es noch diese Spuren gibt, ist die *Realität* der Gewalt des »roten Fadens« nicht die *Totalität*. Um eine solche Spurensicherung im Zusammenhang von »Text« und »Schöpfung« geht es in den folgenden Überlegungen zu einem »Text«, in dem man »Weibliches« wohl zuletzt vermutet und der deshalb wichtig ist.

Ps 139, 13–16

»Ja, du bist es, der meine Nieren bereitet hat,
der mich gewoben hat im Leib meiner Mutter!
(Danken will ich dir dafür,
daß ich so furchtbar wunderbar bin,
wunderbar sind deine Werke,
meine Lebenskraft ist dessen inne.)
Nicht verborgen war vor dir mein Gebein,
als ich gemacht wurde im Verborgenen,
als ich buntgewirkt wurde in den Tiefen der Erde.
Schon als Knäuel (»Golem«) sahen mich deine Augen.
In dein Buch waren sie alle geschrieben,
die Tage, sie waren schon gebildet,
und noch war nicht einer von ihnen vorhanden.«

Psalm 139 stellt als ganzes (vgl. R. Albertz, *Weltschöpfung und Menschen-schöpfung*, CThM 3, Stuttgart 1974, S. 118 ff.) ein Vertrauenslied eines Unschuldigen dar. Der Beter wendet sich in seiner Not an Gott, der seine

Unschuld erweisen solle, denn Gott kenne ihn ja zutiefst und von Beginn an. In diesem Zusammenhang enthält der Psalm in den zitierten Versen eine Passage, die sich auf die Menschenschöpfung bezieht. Dabei ist es aufregend, in welcher Weise die Erschaffung des Menschen dargestellt ist. Wir kennen ja aus den ersten Kapiteln der Bibel vor allem jene Konzeptionen der Menschenschöpfung, die sich auf die Erschaffung des Menschengeschlechts beziehen. Dabei läßt Gen 1 die Art der Erschaffung der ersten Wesen der Menschengattung (»männlich und weiblich«) nicht erkennen; der Terminus *bārā'* stellt sicher, daß *Gott* der Schöpfer ist und keiner sonst. In Gen 2 verweist der Terminus *jāṣar* auf die Arbeit des Töpfers. Nun haben Westermann und, seinen Ansatz aufnehmend und differenzierend, Albertz festgestellt, daß die Traditionen von der Menschenschöpfung zunächst unabhängig von denen der Weltschöpfung ausgebildet und überliefert wurden. Zudem zeigt der Blick auf die Thematisierung der Menschenschöpfung außerhalb der Genesis eine Vielfalt von Vorstellungen. Wo es um die Erschaffung des einzelnen Menschen geht, scheint überdies eine Vielzahl von Bildern möglich, während die Erschaffung der Menschengattung kanonisiert ist. So verbindet Hi 10,8 ff. mehrere Bilder miteinander:

»Deine Hände haben mich kunstvoll gemacht und gebildet,
danach hast du dich abgewandt und mich vernichtet.
Gedenke doch, daß du mich wie Ton gebildet hast!
Und zu Staub willst du mich wieder machen.
Hast du mich nicht hingegossen wie Milch und wie Käse mich gerinnen lassen?
Mit Haut und Fleisch hast du mich umkleidet und mich durchflochten mit Knochen und Sehnen...«

Die Passage verbindet mehrere Tätigkeiten des Handwerks, um den erstaunlichen Vorgang zu beschreiben, wie aus einem Samenfaden (die Existenz des weiblichen Eis wurde erst in der Neuzeit mikroskopisch nachgewiesen; bis dahin sah man den Menschen im Samen des Mannes vollständig vorgebildet) ein Mensch mit Haut, Fleisch und Knochen wird. Es ist deutlich, daß die hier beschriebene Ebene der »natürlichen« Zeugung nicht etwa kontrovers gegenüber steht. Vielmehr erkennt man Gottes Handeln *in* der »natürlichen« Zeugung. Wir finden in Hi 10 Gott als »Töpfer«, als »Meier«, als »Textil-« und als »Lederbearbeiter«. Es sind Alltagstätigkeiten, noch keine spezialisierten Berufe, die in dieser Weise *schöpferisch* gesehen werden. Es sind zudem männliche und weibliche Tätigkeiten zusammen. Von hier aus bringt nun aber der Blick auf Ps 139 ein erstaunliches Ergebnis. Die Rede von der Menschenschöpfung in diesem Psalm bewegt sich ganz auf *weiblichem* Feld.

Erde vernichtet werden, eine andere, für einen Augenblick aufblitzende und sogleich wieder verlöschende Hoffnung. Kassandra erwägt, Klytaimnestra um ihr Leben zu bitten:

Das beginnt bei der Nennung der *Nieren*, die am Beginn der Passage als erstes und einziges »Organ« aufgeführt sind. Man hätte ja auch die Nennung des Herzens erwarten können, das in der hebräischen Anthropologie als Sitz des Denkens gilt. Die Nieren sind im AT Sitz der tiefen Gemütsbewegungen. Nun wäre es zu kurz gegriffen, die bloße Nennung des Organs der Gemütsbewegung als Indiz des Weiblichen zu lesen. Doch hat die Nennung der Nieren (und nicht des Herzens) ihre »geschichtsphilosophische« Konnotation. Denn das, was in der Anthropologie der Urgeschichte als »die Hervorbringungen des menschlichen Herzens« als »böse von Jugend auf« – nicht moralisch, sondern autonomie- und fortschrittskritisch enttarnt wird, ist die Geschichte der Kultur und Zivilisation als Fortschrittsgeschichte selbst. In dieser Kon(tra)figuration liest sich in Ps 139 die Nennung allein der Nieren als des Organs, dessen tiefste Kenntnis allein Gott zukommt, der von daher die Unschuld erweisen soll, wie eine angedeutete Gegenstruktur zu der, die sich als »Hervorbringungen des menschlichen Herzens« durchgesetzt hat. Bleiben diese Erwägungen über das Weibliche in Ps 139 noch unscharf, so erkennen wir in den folgenden Beschreibungen des Vorgangs der Menschenschöpfung Signifikanteres. Nach einer Passage des Dankes (möglicherweise später hinzugefügt, vgl. Albertz) finden wir die zunächst verdeckte (»im Verborgenen«), dann offene Nennung der Erde als Ort der Erschaffung (»in den Tiefen der Erde«). Die Tiefen der Erde sind in der Logik der Bilder *zugleich* der Mutterleib. Die Verbindung, geradezu Identifikation von Erde und Mutterleib kommt auch sonst im AT vor (»Nackt bin ich aus dem Mutterleib hervorgegangen, und nackt werde ich wieder zurückkehren dorthin« – Hi 1,21, vgl. Koh 5,14, wobei das »dorthin« das Grab *als* wiedergefundenen Mutterleib bezeichnet – man denke an die Hockerstellung in frühen Gräbern, die die Embryonalhaltung wiederholt, man denke aber auch an die vermittelte, nämlich in der Ausführung des Befehls Gottes nicht autonom, wohl aber noch immer kreativ gedachte Zeugungskraft der Erde nach Gen 1 – »die Erde bringe hervor...«). So wäre das Weibliche – die Erde, der Mutterleib – der Ort der Menschenschöpfung (als empirischer Ort jeder Empfängnis und Geburt kann dieser Ort augenscheinlich da nicht patriarchalisch weginterpretiert werden, wo die je eigene Entstehung reflektiert wird, während beim Thema der Erschaffung des Menschengeschlechts die männlichen Überlagerungen leichter, weil nicht empirisch unglaubwürdig zu sein scheinen...; man denke an die vielfältigen »Kampfmythen« des alten

Orients, die die Kreativität der Erde in die »Folgeleistung« der *bearbeiteten* Erde transformieren. Aber das Weibliche in der Rede von Ps 139 geht weiter: Die Tätigkeit der Erschaffung selbst – als Tätigkeit des *männlichen* Gottes – ist anders als in Hi 10 hier *durchweg* weibliche Arbeit. Das Bild ist das des Webens. Zwar wurde diese Tätigkeit, sobald sie zum Handwerk wurde, in Israel auch von Männern ausgeübt, doch war die Textilbearbeitung in der innerfamiliären Arbeitsteilung Frauenarbeit. In polytheistischen Religionen kommt das Ressort des Webens Göttinnen zu.

Für unsere Überlegungen zum Verhältnis von Text und »rotem Faden« ist die Nennung des »Buntwirkens« wichtig. *rqm* heißt: in bunten Farben weben oder sticken (im Arabischen auch: *schreiben!*). Und weiter in den Text(il)-Bildern von Ps 139: »Deine Augen sahen mich, als ich noch ein ›Golem‹ war« – das mythenträchtige Wort *goläm* kommt in der Bibel nur an dieser einen Stelle vor. Nach dem Talmud heißt es »Embryo«. Der Golem der jüdischen Sage, am bekanntesten in der späten, von der Romantik beeinflußten Fassung über den Hohen Rabbi Löw in Prag um 1600, ein mit kabbalistischem Zauber zum Leben erweckter Tonkloß, der zum Helfer der bedrängten Prager Juden wurde, bis er – wie der »Zauberlehrling« – mit seinen ungebändigten Kräften Schaden anrichtete, beruht auf einer späten Kontamination zwischen der Menschenschöpfung von Ps 139 und der – anders akzentuierten – Schöpfung aus Lehm nach Gen 2. Über Ps 139 hinaus gibt es einen weiteren biblischen Beleg nicht des Substantivs *goläm*, wohl aber des Verbs *galam,* mit dem nach 2 Kön 2,8 das Zusammenwickeln eines *Mantels* bezeichnet wird. Die Bedeutung bleibt also im »Textilbereich«. B. Duhm nahm von daher als Grundbedeutung von *goläm* »Knäuel« an (so auch Buber in seiner Verdeutschung). Der »Schöpfungsvorgang« in Ps 139 wäre also gedacht als eine Art Herstellung eines bunten Gewebes aus einem unbearbeiteten (LXX setzt *akatergastos* für *goläm*) Knäuel.

Noch einen Schritt weiter: Unmittelbar an die *Textil*metaphern schließt in Ps 139,16 eine *Text*metapher an. Gott schreibt die Lebenstage des so gewirkten Menschen in sein Buch, in dem die Tage aufgezeichnet sind, bevor sie eintreten. Aus dem *Textil* wird der *Text.* Was die lat. Sprache etymologisch zusammenbringt, fügt der Psalm erzählend zueinander. Die Erinnerung an Ps 139 wäre von daher zuletzt ein Beitrag zur Weiblichkeit des Schreibens. Freilich eines Schreibens, das sich nicht vom Bild des »roten Fadens« herleitet, sondern vom »Gewebe«, nicht von der Quintessenz, sondern vom »Text«. Eine Frage bleibt dabei offen: Bezeugt die Tatsache, daß alle jene »weiblichen« Fertigkeiten in unserem Psalm von einem männlichen Gott ausgeübt werden, die gewaltsame patriarchalische Überlagerung eines feministischen Substrats durch das Patriarchat und seinen Gott? Oder bezeugt sie, daß die Trennung in biologisch »Weibliches« und »Männliches« nicht *natürlich* ist, sondern geschichtlich gewachsen, eine

»Die schreckliche Frau werde ich um mein Leben bitten. Vor ihr niederwerfen werd ich mich. Klytaimnestra, sperr mich ein, auf ewig, in dein finsterstes Verlies. Gib mir knapp zum Leben. Aber, ich fleh dich an: Schick mir einen Schreiber, oder, besser noch, eine junge Sklavin mit scharfem Gedächtnis und kraftvoller Stimme. Verfüge, daß sie, was sie von mir hört, ihrer Tochter weitersagen darf. Die wieder ihrer Tochter, und so fort. So daß neben dem Strom der Heldenlieder dies winzige Rinnsal, mühsam, jene fernen, vielleicht glücklicheren Menschen, die einst leben werden, auch erreichte.« (*Kassandra*, S. 93)

Doch kaum ist diese Utopie des Rinnsals humaner Überlieferung ausgesprochen, so wird sie – nicht erst von der Realität, sondern sogleich vom hellsichtigen Realismus der Kassandra selbst – zerschlagen:

»Und daran könnt ich glauben, auch nur einen Tag? Erschlag mich, Klytaimnestra. Töte mich. Mach schnell.« (ebd.)

Indem sie die Kassandra der Erzählung ihre Hoffnung zerschlagen läßt, hält die *Erzählerin* sie fest, ja, holt sie wieder. Die Erzählerin

---

Verkürzung der Möglichkeiten von Frauen *und* Männern? Wollen wir *hinter* Ps 139 eine »Göttin« rekonstruieren, die all das *legitim* tat, bevor es ihr ein männlicher Gott und seine männlichen Verehrer entrissen? Oder wollen wir daran anknüpfen, daß solches legitim von einem Manne gesagt werden konnte, bevor es zur weiblichen Domäne wurde? Dann wäre das typisch Weibliche selbst mehr Spaltprodukt als feministischer Urgrund. Davon hinge zuletzt ab, ob eine Art des Schreibens nach der Art der textilen Texte eine *weibliche* oder eine *utopisch-humane* Ästhetik bezeichnete. Was wäre das für eine Art von »Texten«? Zunächst ginge es um die vorgefundenen. Ich möchte noch einmal anknüpfen an die Passage von Christa Wolf über das Gewebe und den roten, den blutroten Faden. Gibt es Texte, die das alte Gewebe zeigen, *bevor* ihm der rote Faden entrissen wurde? Wären es Texte ohne Individuen? Was bedeutet es, daß das Erschrecken vor dem Verlust der Individualität in dem Maße abnimmt, in dem dieser Verlust längst Alltag ist? Gibt es denn überhaupt (noch) Individuen? P. Handke plädiert dafür, von Menschen nur noch als »Dividuen« zu sprechen, denn nur ein zerrissenes Leben kann heute noch ein Moment von

Wahrheit beanspruchen. Dazu paßt ein Aphorismus aus Hegels Jenenser Zeit: »Ein geflickter Strumpf besser als ein zerrissener; nicht so das Selbstbewußtsein.«

Gewebeträume: Die Moiren spinnen Fäden. Es sind die Lebensfäden aller Menschen. Wenn Atropos unerbittlich schneidet, fällt der Faden zu Boden. Es sei denn, er wäre mit vielen anderen verwoben. Dann bildete er mit ihnen das Muster der Text(il)e.

Im Gewebe käme der einzelne Faden zur Ruhe. Er müßte nicht ins Unendliche weitergesponnen werden, ohne ein Ziel, das er, weil er es nicht erreicht, doch stets als Ziel ausgibt.

Gegen die Verführung zur Verharmlosung wäre zu streiten. Denn wenn einer sagt, so hätte doch jedes Leben seinen Sinn, denn im Gewebe hätten alle Fäden ihren Platz, die kurzen und die langen, die schönen und die unansehnlichen, dann ist doppelter Protest nötig: gegen die, die auch nur dem geringsten Faden im Gewebe seine Bedeutung absprechen und zugleich gegen die, die verordnen, noch der geringste solle sich gefälligst mit seiner Rolle zufriedengeben.

Erzählungen nach der Art der Gewebe: eher am Diwan als am Roman ausgerichtet. Noch einmal: arab. rqm bedeutet auch, bunt erzählen!

Gegen das Bild vom linearen und vom zyklischen Verlauf der Geschichte ein neues=altes Bild: Gegensatz zwischen dem einlinigen Faden und dem Gewebe, das die Fläche füllt und in dem – leicht verändert und immer neu wie im »echten« Teppich die Muster wieder(ge)holt werden.

»Echte« Teppiche erkennt man nur an ihrer Rückseite. Sie zeigen im Gegensatz zu den maschinellen ihre Echtheit durch die Unregelmäßigkeiten.

Um Teppiche zu reinigen, muß man sie »gegen den Strich bürsten«.

Es gibt auch »fliegende Teppiche«.

Einlinige Fäden können, wie der der Ariadne, einen Weg aus dem Labyrinth weisen. Doch wie, wenn nur noch das Labyrinth Schutz böte vor dem hellen Licht, vor den Erleuchtungen, den Erkenntnissen, der Aufklärung, den Strahlungen? Mit welchen »Text(ili)en« käme man ins Labyrinth *hinein?*

Noch eine weitere »Knüpfung« soll hier vorgenommen werden: E. Fraenkel beginnt seinen Aufsatz zur Kassandraszene im *Agamemnon* des Aischylos (s. o. S. 44) mit einem Verweis auf einen Brief Goethes an W. v. Humboldt vom 1. Sept. 1816, in dem Goethe die Form des *Agamemnon* mit der dem Stück inhärenten Zeit- und Geschichtsauffassung wie selbstverständlich verbindet: »Verwundersam ist mir jetzt mehr als je das Gewebe dieses Urteppichs: Vergangenheit, Gegenwart und Zukunft sind so glücklich in eins geschlungen, daß man selbst zum Seher, das heißt: Gott ähnlich wird.« (*Werke,* IV. Abth. 27. Bd. S. 157, so zitiert bei Fraenkel, S. 375)

straft durchs Erzählen die Worte ihrer »Heldin« Lügen. »Und daran könnt ich glauben, auch nur einen Tag?« Von der Trauerarbeit gegen den FEUCHTEN SCHWAMM, der das Unglück eines Menschen im Nu löscht, vom Glauben an die Möglichkeit dieses Rinnsals der Humanität neben dem Strom der Gewalt *lebt* die Erzählung – und ihre Autorin – mehr als einen Tag.

Die Realität der Gewaltgeschichte nicht zu verdrängen und ihr nicht als Totalität zu verfallen: das wäre die Aufgabe mit und gegen Kassandra. Wer sich der Realität akkommodiert, indem er sie als einzig mögliche sieht, setzt sie als Totalität. Gewalttätig und mitleidlos ist aber jede *Konstruktion* von Totalität und Universalität, sei es als Heilsgeschichte, sei es als UNIVERSALGESCHICHTE, sei es als

---

Von diesem FEUCHTEN SCHWAMM spricht Kassandra im *Agamemnon* des Aischylos in ihren letzten Worten.

»Weh über das Ergehen des Sterblichen! Sein Glück vermag ein Schatten zu wandeln, und – viel jammervoller noch – selbst ein Gemälde des Unglücks löscht ein feuchter Schwamm im Nu.«

Diese letzten Worte der Kassandra stehen nicht nur bei Aischylos am Ende ihres Redens. Sie stehen (mit der zitierten Übersetzung) auch (fast ganz) am Ende des Aufsatzes von E. Fraenkel über die Kassandraszene im *Agamemnon* (s. o. S. 44). Hier haben sie noch einmal eine Bedeutung, die über den Augenblick ihrer Niederschrift hinausreicht und die Macht eines solchen FEUCHTEN SCHWAMMS ebenso anzeigt wie die Notwendigkeit der Trauerarbeit gegen den Schwamm. Der Aufsatz Fraenkels war nämlich als Beitrag in der Festschrift für Curtius 1937 geschrieben und bereits gedruckt, wurde aber aus »rassischen Gründen« aus der Festschrift wieder gelöscht. Nicht: Schwamm drüber!

UNIVERSALGESCHICHTE *vor* dem Jüngsten Tag kann nur konstruierte Universalgeschichte sein. Benjamin nennt sie »eine Sorte von Esperanto« (*GS* I,3, S. 1239 – man beachte die biblische Fortsetzung!) und »eine Sache von Dunkelmännern« (*GS* V,1, *Passagenwerk* »N«, S. 608). Gegen diese Konstruktion stellt Benjamin in der 3. der »Thesen über den Begriff der Geschichte« die utopische, die messianische Dimension der »Chronik«, die auch das Kleinste nicht verloren gibt, ja nicht einmal die Verfügung über die Kategorien »groß« und »klein«, zentral und marginal sich anmaßt.

M. Horkheimer, Th. W. Adorno, DIALEKTIK DER AUFKLÄRUNG, Amsterdam 1947, S. 98 f. (2. Aufl. Frankfurt a. M. 1969, S. 86 f.). Dazu und dagegen steht (die gefährliche Nähe zu einer ganz anderen Art des Erinnerns benennend) ein fast gleichzeitig entstandener Adorno-Text aus den *Minima Moralia* (Frankfurt a. M. 1951, S. 52 f.):
»Nicht gedacht soll ihrer werden. – Das Vorleben des Emigranten wird bekanntlich annulliert. Früher war es der Steckbrief, heute ist es die geistige Erfahrung, die für nicht transferierbar und schlechterdings artfremd erklärt wird. Was nicht verdinglicht ist, sich zählen und messen läßt, fällt aus. Nicht genug damit aber erstreckt sich die Verdinglichung selbst auf ihren eigenen Gegensatz, das nicht unmittelbar zu aktualisierende Leben; was immer bloß als Gedanke und Erinnerung fortlebt. Dafür haben sie eine eigene Rubrik erfunden. Sie heißt »Hintergrund« und erscheint als Appendix der Fragebogen, nach Geschlecht, Alter und Beruf. Das geschändete Leben wird auch noch auf dem Triumphauto der vereinigten Statistiker mitgeschleppt, und selbst das Vergangene ist nicht mehr sicher vor der Gegenwart, die es nochmals dem Vergessen weiht, indem sie es erinnert.«

Geschichte von Klassenkämpfen mit vorbestimmtem Ausgang. Wer immer solche Totalität konstruiert, geht über Leichen. Mehr Mitleid enthält das Erzählen, die Chronik, die noch das Kleinste nicht verloren gibt, ohne es in Sinntotalität zu zwingen. Noch im scheinbar kalten Hererzählen kann Sympathie mit den Opfern stecken, indem das Erzählen selbst die Wunden offenhält, das Unabänderliche Lügen straft. Wie Christa Wolf im Erzählen selbst dem Erzählten widerspricht und so mit den Wunden auch die Hoffnungen offen hält, beschreiben es Horkheimer und Adorno in einem Abschnitt der »DIALEKTIK DER AUFKLÄRUNG«, der sich an einer Homerzeile festmacht (und dessen »Ton« den Exegeten gut anstünde, wenn sie von den Geschlachteten und Zerstückelten *ihrer* Heilsgeschichte handeln):

»Im XXII. Gesang der Odyssee wird die Strafe beschrieben, die der Sohn des Inselkönigs an den treulosen Mägden, den ins Hetärentum Zurückgefallenen, vollstrecken läßt. Mit ungerührter Gelassenheit, unmenschlich wie nur die impassibilité der größten Erzähler des neunzehnten Jahrhunderts, wird das Los der Gehenkten dargestellt und ausdruckslos dem Tod von Vögeln in der Schlinge verglichen, mit jenem Schweigen, dessen Erstarrung der wahre Rest aller Rede ist. Daran schließt sich der Vers, der berichtet, die aneinander Gereihten »zappelten dann mit den Füßen ein weniges, aber nicht lange« [Od XXII, 473]. ... Als Bürger, der der Hinrichtung nachsinnt, tröstet Homer sich und die Zuhörer ... mit der gesicherten Feststellung, daß es nicht lange währte, ein Augenblick und alles war vorüber. Aber nach dem »nicht lange« steht der Fluß der Erzählung still. Nicht lange? fragt die Geste des Erzählers und straft seine Gelassenheit Lügen. Indem sie den Bericht aufhält, verwehrt sie es, die Gerichteten zu vergessen, und deckt die unnennbare ewige Qual der einen Sekunde auf, in der die Mägde mit dem Tod kämpfen. Als Echo bleibt vom Nicht Lange nichts zurück als das Quo usque tandem, das die späteren Rhetoren nichtsahnend entweihten, indem sie die Geduld sich selber zusprachen.«

Das »Quo usque tandem« aber, so möchte ich hinzufügen, ist in der Fassung der hebräischen Bibel — der Fassung, in der es einen Adressaten der Klage gibt — als ein: »Wie lange noch, Herr?« die Frage und die Klage, die einzig die Realität der Gewaltgeschichte wahrnehmen kann, ohne jene Realität für die Totalität erklären zu

»TRUG FÜR GOTT« – auf diesen Begriff bringt Hiob (13,7) die Versuche der Freunde, ihre stimmige Theologie wider die Erfahrung zu retten. Zur Hiobinterpretation vgl. Verf., *Leviathan*, bes. S. 29 ff., 67 ff., 74 ff.

müssen, ohne jene Geschichte für das letzte Wort zu halten. »Wie lange noch, Herr?« – das ist zugleich die einzige Frage und Klage, die als Frage nach dem Grund des Leidens an Gott gerichtet werden kann, ohne – TRUG FÜR GOTT vorzubringen.

III

> »Dieses Schiff, ihr Freunde, war das erste uns schriftlich überlieferte Schmugglerschiff: die Konterbande war Jona.«
>
> (Aus der Predigt von Father Mapple, die das 9. Kapitel in Herman Melvilles *Moby Dick* bildet)

Die Frage: »Wie lange noch, Herr?«, die offene Frage – ohne »Trug für Gott«, die Aufgabe, Realität wahrzunehmen, ohne ihr als Totalität zu verfallen, und nicht zuletzt die Frage nach dem Verhältnis vom Kleinsten und Geringsten zum Ganzen führen uns – gegen den Hauptstrom der Exegese – ins Jonabuch hinein. Wie kann Recht *und* Leben sein? Wie kann auf Gottes Handeln gesetzt werden, ohne – wie es Jona tut – Gott gegen Gott zur Konsequenz zwingen zu müssen? Wie gehen Wahrheit und Praxis zusammen? Wie kann man am Ganzen festhalten, ohne das einzelne preiszugeben? Das sind Jona-Fragen.

»Einst erging das Wort JHWHs an Jona, den Sohn Amittais: ›Brich auf, zieh nach Ninive, der großen Stadt, und rufe gegen sie! Denn ihre Bosheit ist zu mir herausgedrungen.‹ Da brach Jona auf, um nach Tarschisch zu fliehen – von JHWH weg.«

Das Jonabuch beginnt schroff, fast gewaltsam. Ohne Einleitung, ohne Vermittlung stehen da das Wort Jahwäs – und – wie wenn es die einzig denkbare Reaktion wäre, Jonas Flucht. Erzähler und

NINIVE – das ist ein Name, der in Israel über Jahrhunderte Angst und Schrecken aulöste. Fragwürdig scheint mir deshalb die Auffassung von Clements (s. o. S. 23), Ninive sei im Jonabuch nur ein Beispiel einer fremden Stadt. Richtig dagegen scheint mir seine Beobachtung, daß die Fremden so ganz anders auf das prophetische Wort reagieren als der judäische König Jojakim, indem und weil Jona 3 als Gegengeschichte zu Jer 36 gelesen werden kann. Sie bekommt zusätzliches Gewicht dadurch, daß das Assyrerreich und seine Metropole(n) nicht als *ein*, sondern für lange Phasen der Geschichte Israels als *das* Exempel einer feindlichen Stadt, geradezu als »Zentrum des Bösen« erscheinen mußte. Das untergegangene Ninive steht in der Jona-Erzählung womöglich auch für seine zeitgenössische Nachfolgerin, wie in der Apokalyptik Babylon für Rom stehen kann. Wenn Jona nach Tarschisch fahren will, geht die Reise in eine *ferne* Welt; wandert er nach Ninive, so geht die Reise in eine schlechthin *feindliche* Welt.

Schwieriger ist die Frage zu beantworten, was der inzwischen »historisch« erfolgte Untergang Ninives für die Jona-Erzählung und ihre Zeit bedeutet. Hat Jona zuletzt doch noch Recht behalten? Hätte er (nach dem einen der Jona-Schlußsätze von Uwe Johnson, s. u. S. 117) nur länger als vierzig mal vierzig Tage warten müssen? Ist der Untergang Ninives letztlich Beweis dafür, daß es mit der Umkehr der Mächtigen nicht weit her war? Was geschah nach dem Ende des Fastens? Als alle fasteten, aßen und tranken alle das gleiche, nämlich nichts. Was aßen und tranken die Großen und die Kleinen in Ninive nach den vierzig Tagen? Hat Jonas Skepsis Recht behalten gegen Gottes Gutmütigkeit?

Daß es sich bei diesen Überlegungen nicht um bloße Spekulationen handelt, zeigt ein Blick in die kürzere Rezension des apokryphen Buches Tobit (LXX^[A. B], vgl. auch Vanoni, *Jona*, S. 27, freilich dort nur zur Erörterung der Frage, ob diese Tobitfassung – die längere nennt nicht Jona, sondern Nahum – als Beleg einer vom Jonabuch unabhängigen historischen Mission eines Jona nach Ninive gelesen werden könne – eine Frage, die Vanoni mit Recht verneint).

In Tob 14,4 heißt es:

»...ich glaube alles, was der Prophet Jona über Ninive gesprochen hat, daß es zerstört werden wird...«

und in V.15 derselben Fassung:

»Vor seinem Tod aber hörte er noch vom Untergang Ninives, welches Nebukadnezar und Xerxes erobert hatten. Und er freute sich, bevor er starb, über Ninive. Amen.«

Mit diesem Satz, der Jona im nachhinein ins Recht setzt und (auch deshalb?) Tobit ruhig und in Frieden sterben läßt, endet das Tobitbuch.

Hörer der Jonageschichte kennen den Jona ben Amittai aus einer alten Notiz aus 2 Kön 14,23 ff. Dort wird berichtet, der Prophet Jona, Sohn des Amittai, habe mit einem Spruch gegen Israels Feinde die Expansion Jerobeams II. legitimiert. Jener Jona also war ein Heilsprophet für Israel, indem er Unheil über die Feinde ansagte. *Der* Feind Israels aber war in der Zeit des 8. Jh. Assur mit seiner Hauptstadt NINIVE. Der nachexilische Erzähler des Jonabuches besinnt sich Jahrhunderte später auf diesen Jona und versetzt sich und die Leser in die alten Konstellationen zurück. Das Jonabuch enthält die eigene Zeit in eine *Geschichte* gefaßt! In der Erzählung ist wieder Ninive das Zentrum des Bösen – es steht für jedes neue Ninive an der Stelle dessen, das zur Zeit des Jonaerzählers auch schon zwei Jahrhunderte oder länger vernichtet war. Gegen dieses Ninive soll der Jona der Erzählung (ähnlich dem historischen Vor-Bild) RUFEN, schreien *(qārā'):* sein prophetisches, wirkungsmächtiges Wort schleudern. Und Jona flieht; er flieht in die entge-

---

Doch könnte die Wahrnehmung des endlich doch erfolgten Untergangs Ninives eine ganz andere Folgerung für die Jona-Lektüre zeitigen, eine, die Jona gerade nicht Recht gibt. Ninive, so hören wir im Jonabuch, kehrte um auf ein unbedingtes Wort Jonas hin. Ninive war fähig zur Umkehr. Warum ging Ninive doch unter? Wenn Jona nichts gelernt hätte? Wenn er mehr am *friedlichen Tod* seines Nachfahren Tobit interessiert wäre (nämlich abermals an der Stimmigkeit, die sich wenn schon nicht anders, so durchs »Aussitzen« herstellen läßt?) als an Ninives neuem Leben? Wenn Ninive keinen wie Jona mehr gehabt hätte, der mit seinem Rufen den Ruf der Niniviten evozieren konnte und damit die Umkehr Gottes als Antwort auf die Umkehr Ninives? Wer war *dann* verantwortlich für Ninives schließlichen Untergang? Hatte dann nicht Jona (gegen den Schluß des Tobitbuches) *Unrecht* bekommen, indem er Recht behielt?
»Wenn aber der Wächter das Schwert kommen sieht und er stößt nicht in die Posaune und das Volk wird nicht gewarnt, und es kommt das Schwert und rafft einen von ihnen dahin, so wird zwar dieser um seiner Schuld willen hingerafft, aber sein Blut fordere ich von dem Wächter.« (Ez 33,6)

»RUFEN« oder »Predigen«? Jona erhält den Auftrag, gegen Ninive zu »rufen« – das jedenfalls ist die Grundbedeutung des Verbs *qārā',* das im Jonabuch außer an dieser Stelle noch siebenmal vorkommt (vgl. die Tabelle bei Vanoni, *Jona,* S. 171). Während fast alle Kommentatoren und Übersetzer an fünf dieser sieben Stellen (1,6.14; 2,3; 3,5.8) die Formen von *qārā'* mit entsprechenden Formen von »rufen« verdeutschen, findet sich in den Übersetzungen in 1,2 und (bei der verstärkenden Wiederaufnahme des Befehls) in 3,2 sowie 3,4 die Verdeutschung: »*Predige* (gegen Ninive)!« (Luther-Bibel, ZB, aber neben vielen anderen auch Wolff, BK XIV/3). Die Differenz in den Übersetzungen reißt auseinander, was bei Verwendung von »Leitworten« (vgl. dazu die klassische Arbeit von M. Buber, *Leitwortstil in der Erzählung des Pentateuchs*, 1927, in: M. Buber/F. Rosenzweig, *Die Schrift und ihre Verdeutschung*, 1936, S. 211–238; zur Funktion der Leitworte im Jonabuch Vanoni, S. 153) Zusammenhänge in der Erzählung markiert. Das zeigt z. B. Wolff durchaus an anderen Stellen, etwa im Blick auf das mehrfache »Werfen«, *ṭūl*, in Jona 1. Zwar ist das Vorkommen von acht Belegen des Verbs *qārā'* im Jonabuch bei diesem Alltagswort (insgesamt 730 atl. Belege, s. THAT II, 667 [Labuschagne]) kein zwingendes Argument, jedesmal dieselbe Bedeutung anzunehmen, doch soll man umgekehrt nicht ohne Not verschiedene Bedeutung unterstellen, wo je die gleiche 1.) einen Sinn ergibt und 2.) innere Beziehungen in der Erzählung aufscheinen läßt, die bei den geläufigen Verdeutschungen nicht einmal als Fragen auftauchen können. Solche Fragen sind: Wie verhält sich Jonas »Ruf-Verweigerung« zum »Rufen« der Seeleute (1,14), vor allem aber zu der Jona mit demselben Imperativ wie in 1,2 durch Gott, in 1,6 durch den Schiffskapitän erteilten Weisung, auch *er* solle »rufen«?

Wie verhält sich Jonas endlich erfolgter »Ruf gegen Ninive« (nach der durch die Hinzufügung eines von derselben Wurzel wie das Verb abgeleiteten — nur an dieser einen Stelle im AT belegten — »inneren Objekts« *qᵉrī'ā* verstärkten Wiederholung des Auftrags von 1,2 in 3,2) in 3,4 zum »Rufen« der Niniviten (3,5 — sie rufen ein Fasten aus —; 3,8 — ein jeder soll mit Kraft zu[m] Gott rufen)?

Ist Jonas verweigertes und endlich erfolgtes »Rufen gegen Ninive« von vornherein etwas kategorial anderes als alles andere Rufen (Jonas, vgl. noch 2,3 — Rufen aus der Not im Psalm aus dem Fischbauch —, der Seeleute, der Niniviten)?

Kann Jonas Auftrag nur eine *Predigt* sein, kein Ruf, kein Schrei? Das Verb *qārā'* kann im Zusammenhang prophetischer Rede »verkündigen« heißen (Belege im THAT II, S. 669), aber auch diese »Verkündigung« ist nicht homiletische oder auslegende »Predigt«, sondern wirkungsmächtig geschleudertes Wort, Ruf, Schrei. W. Th. in der Smittens Vorschlag: *Zu Jona 1,2*. ZAW 84 (1972) S. 95 (»schreie zu ihr hin«) ist deshalb erwägenswert (allerdings nicht neu, vgl. nur die englische Bibel: »cry«) und durch Wolff, BK, 73, nicht begründet zurückgewiesen. Allerdings möchte ich (mit Buber) dabei bleiben, das Lexem *qārā'* wegen seiner Leitwortfunktion im Jonabuch stets in gleicher Weise mit »rufen« zu verdeutschen.

Es wird viel *gerufen* im Jonabuch. Die ausgerufenen Worte (und Handlungen, 3,5) werden *gehört*. Hatte sich Jona so ins Nicht-gehört-Werden gewöhnt (»weil er seinen Unterschied zu Kassandra nicht begriffen hat«),

gengesetzte Richtung – nicht nach Osten, nach Assyrien, sondern nach Westen, nach TARSCHISCH, nach Spanien, in der antiken Geographie buchstäblich bis ans Ende der Welt. Auf Gottes Wort hin gibt es nur Folge oder Flucht – diese wie selbstverständlich gesetzte Ungeheuerlichkeit steht am Anfang der Jonageschichte. Tertium non datur. Nicht gegeben ist die Möglichkeit des Zuschauens, der Indifferenz.

---

daß gerade das Gehört-Werden ihm unerträglich wird? Man kann das Problem auch dadurch eliminieren, daß man das Volk »rufen« und den Theologen »predigen« läßt. Das Übersetzungsproblem wird dann leicht zum Überhebungsproblem. Das enthebt aber nicht vom Entsetzen.

TARSCHISCH verbindet sich z. Zt. der Jona-Erzählung weniger mit einer konkreten geographischen Lage als mit einem Namen für Ferne und Exotik, vgl. M. Koch, *Tarschisch und Hispanien. Historisch-geographische und namenkundliche Untersuchungen zur phönikischen Kolonisation der Iberischen Halbinsel*, Berlin 1969 (zu den biblischen Tarschisch-Texten S. 1–101); vgl. auch Wolff, BK XIV/3, S. 78 ff.

Hauser (s. o. S. 23) verbindet Jonas Flucht mit seinem Namen – *jonā* heißt »Taube« (s. auch u. S. 112) –, indem er Flug/Flucht (»flight«) der Taube mit weiteren Eigenschaften, die man diesem Tier zuschreibt, zum Schlüsselmotiv der Erzählung erhebt. Obwohl dieser Ansatz überzogen ist (besonders dort, wo er zur Entlehnung der Jona-Figur aus 2 Kön 14 in eine Alternative gerät), legt Hauser doch *eine* Dimension des *Hörens* der Jona-Erzählung offen. Eine Nebenbemerkung: Hauser konstatiert mit Verwunderung, daß die Kirchenväter, die doch sonst zu allegorischen Deutungen tendieren, dem Namen Jonas keine sonderliche Aufmerksamkeit geschenkt hätten, außer *St. Columban* (!) ... So ist noch die Aufmerksamkeit von »Taube« zu »Taube« Hinweis auf *einen* Zusammenhang von Erkenntnis und Interesse. Sehr wohl eine Rolle spielt der Name »Taube« in Luthers Jonaauslegung. Mit der Anknüpfung an Jonas Namen beginnt die *erste* an die historische Auslegung angeschlossene »geistliche Deutung«; vgl. die von G. Krause besorgte sprachlich leicht modernisierte Ausgabe des Insel Verlags, *M. Luther, Die Auslegungen von Jona und Habakuk*, 1983, S. 103).

Zu LOTS WEIB vgl. die Interpretation in Verf., *Ursprung und Ziel*, S. 147 ff.

SCHIFFBRUCH MIT ZUSCHAUER. Paradigma einer Daseinsmetapher, Frankfurt a. M. 1979, ist der Titel eines Buches von H. Blumenberg; zu Lukrez bes. S. 28 ff. (s. auch ders., *Arbeit am Mythos*, Frankfurt a. M. 1979, S. 133). Zum Thema einschlägig ist bereits der Essay von D. Sternberger, *Hohe See und Schiffbruch. Verwandlungen einer Allegorie*, Neue Rundschau 46 (1935), wiederabgedruckt in: *Gedanke und Gewissen. Essays aus 100 Jahren*, S. Fischer Verlag, hg. v. G. Busch u. J. H. Freund, Frankfurt a. M. 1986, S. 236–254 (im folgenden nach dieser Ausgabe zitiert). Sternberger beschreibt u. a. die Konjunktur der Metapher in der »Gründerzeit« und die gleichzeitige Verwandlung der Allegorie ins Genre. »Schiffbruch als Allegorie meinte, in eins gefaßt, die Vergänglichkeit der Welt überhaupt, – Schiffbruch als Genre ist ein Guckloch in ein Jenseits der eigenen Welt, ein Guckloch ins gefährliche Leben, das nicht das eigene ist, aber doch noch gebraucht wird.« (S. 249) Die noch im Genre mitgesetzten Krisen bedürfen dabei eines festen Punktes.

»Ein fester Punkt in solchem aufgewühlten Meere muß gefunden, ein Bild und Prinzip der Reorganisation, des Neuaufbaus muß errichtet werden. Und als dieser feste Punkt im Meer erscheint der herkulische Mann auf dem Wrack oder der mit Ölzeug und Wasserstiefeln angetane Lotse im Rettungsboot. In seiner Figur konzentriert sich Erwartung und Hoffnung sowohl auf die Wiederherstellung der wirtschaftlichen Ordnung als auch auf eine erneuerte Bindung der in sich zerfallenen Gesellschaft, denn er ist keiner Klasse zugehörig, weder Arbeiter noch Unternehmer, weder Aristokrat noch – im strengen Sinne – Bürger. Vom Meere kommt er, aus der abenteuerlichen Gegenwelt, dem reinen Naturreich, vertraut mit seinen Tücken und Gefahren, noch gleichsam umstrahlt von der Gischt der Brandung wie von einer Aura: der ›Retter‹. So hat ihn Spielhagen geschildert in seinem großen dokumentarischen Roman ›Sturmflut‹, der im Jahre 1877 erschienen ist, den einfachen Schiffskapitän, nachmaligen Lotsenkommandeur und schließlich Ministerialreferenten mit dem unscheinbaren Namen Reinhold Schmidt.« (S. 250 f.)

Lange nach Spielhagens Roman und Sternbergers Essay wurde der Romanheld Schmidt, der bis ins Ministerium gelangte, von der Wirklichkeit überholt, wobei dem »realen« Schmidt, nach Bismarck dem Lotsen schlechthin, eine echte Sturmflut die Karriere übers Ministerium hinaus eröffnete und die entsprechende Mütze als Markenzeichen ließ. Die Konstellation des Schiffbruchs mit Zuschauer erweitert sich zum Gefüge von Schiffbruch – Fernsehzuschauer und Lotsen (letzterem als dem, bei dem man fortan öfter im Fernsehen Zuschauer sein will . . .).

Was Jona weiß – daß Getroffen-Werden oder Fliehen die Alternative ist, aber nichts drittes bleibt – muß auf andere, buchstäblich erstarrende Weise LOTS WEIB erfahren. Sie, die auch nur einen Moment sich umblickt, zurückschauen will aufs Inferno von Sodom und Gomorrha, erstarrt zur Salzsäule. Die Geschichte vom mißglückten Entrinnen von Lots Weib enthält viele Lehren. Eine im Blick auf Jona wäre eben die Einsicht in die Unmöglichkeit des »SCHIFFBRUCHS MIT ZUSCHAUER«, des indifferenten Blicks aus der Sicherheit. Die Metapher »Schiffbruch mit Zuschauer« stammt aus dem Proömium des 2. Buches *De rerum natura* des Lukrez. Für Lukrez ist der Blick auf die mit Sturm und Wellen kämpfenden Schiffe – wohlgemerkt: der Blick vom sicheren Gestade aus – wie der Blick vom sicheren Feldherrenhügel auf die Kämpfenden Vorbild des ihm wichtigsten ›Schiffbruchs mit Zuschauer‹:

»ABER SÜSSER IST NICHTS, als die wohlbefestigten heitern Tempel innezuhaben, erbaut durch die Lehre der Weisen: Wo du hinab kannst sehn auf andere, wie sie im Irrtum schweifen ...«

Zu Gericaults *Floß der Medusa* (*vor* dem Umschlag der Allegorie ins Genre), einem Bild, das in der großen *Ästhetik des Widerstands* von P. Weiß neben dem Fries des Pergamon-Altars eine zentrale Rolle spielt, vgl. auch K. Heinrich, *Das Floß der Medusa*, in: R. Schlesier (Hg.), *Faszination des Mythos*, Frankfurt a. M. 1985, S. 335–398.

»ABER SÜSSER IST NICHTS ...«. Der lat. Text lautet:

»sed nil dulcius est, bene quam munita tenere
edita doctrina sapientum templa serena,
despicere unde queas alios passimque videre
errare ...«

(T. Lucretius Carus, *De rerum natura*, II, S. 7 ff.)

Zitiert ist die Übersetzung von K. L. von Knebel (1821, ²1831). Zur Bedeutung dieser Übersetzung (bes. von Z. 1 ff.) für die Geschichte der Metapher s. Blumenberg, *Schiffbruch*, S. 47 f.

FAUST I, Z. 860 ff. – Die philiströse Harmlosigkeit des »anderen Bürgers«, sein »Prosit der Gemütlichkeit« hat grauenhafte Züge. Aber sind angesichts des Schlachtens weit in der Türkei und anderswo (und dabei auch ganz nah vor unserer Tür) nicht auch die anderen Szenen »vor dem Tore« unsäglich? Sind die Freuden des »Osterspaziergangs« (Z. 903 ff.) und die Leutseligkeit des hohen Herrn, über die sich die Bauern so freuen (»Herr Doktor, das ist schön von Euch ...«. Z. 981 ff.) nur verkapptere Formen des Grauens? Adorno stellt unter die Überschrift des letztgenannten Faustzitats einen Abschnitt der *Minima Moralia,* der (mit deutlicher Nähe zu Brechts Gedicht *An die Nachgeborenen* mit dem »Gespräch über Bäume«, das »fast ein Verbrechen ist«) zu einer Beschreibung des Standorts des Intellektuellen wird. An diesem Adorno-Text hat sich die hier vorgelegte Jona-Deutung (und ihre »Lehre«) abzuarbeiten, indem sie ihm folgt und – deshalb – zuletzt widerspricht. Im Zusammenhang der Jona-Kassandra-Konfiguration gelesen, wird dieser Abschnitt der *Minima Moralia* zu einer Überbietung der Position Jonas (fast über Kassandra hinaus), indem ihr Autor, der *wie* Jona an der Eindeutigkeit und mehr als Jona am Vorsatz festhält, nur keinen Verrat zu begehen, zuletzt das Leben selbst aus dem Blick verliert. Ein Baum kann »lügen« – Adorno konstatiert, was auch Jona erfahren muß. Kommunikation ist allemal Teilhabe am Unrecht – Adorno bannt, was auch Jona vermeiden will. Teilhabe am Unrecht ist aber auch die Voraussetzung seiner Unterbrechung. *Dieser* Zweideutigkeit entgehen, heißt an *Wahrheit ohne Kommunikation* sich festmachen. Adornos Aphorismus sei hier im ganzen zitiert:

»Herr Doktor, das ist schön von Euch. – Es gibt nichts Harmloses mehr. Die kleinen Freuden, die Äußerungen des Lebens, die von der Verantwortung des Gedankens ausgenommen scheinen, haben nicht nur ein Moment der trotzigen Albernheit, des hartherzigen sich blind Machens, sondern treten unmittelbar in den Dienst ihres äußersten Gegensatzes. Noch der Baum, der blüht, lügt in dem Augenblick, in welchem man sein Blühen ohne den Schatten des Entsetzens wahrnimmt; noch das unschuldige Wie schön wird zur Ausrede für die Schmach des Daseins, das anders ist, und es ist keine Schönheit und kein Trost mehr außer in dem Blick, der aufs Grauen geht, ihm standhält und im ungemilderten Bewußtsein der Negativität die Möglichkeit des Besseren festhält. Mißtrauen ist geraten gegenüber allem Unbefangenen, Legeren, gegenüber allem sich Gehenlassen, das Nachgiebigkeit gegen die Übermacht des Existierenden einschließt. Der böse Hintersinn des Behagens, der früher einmal auf das Prosit der Gemütlichkeit beschränkt war, hat längst freundlichere Regungen ergriffen. Das Zufallsgespräch mit dem Mann in der Eisenbahn, dem man, damit es nicht zu einem Streit kommt, auf ein paar Sätze zustimmt, von denen man weiß, daß sie schließlich auf den Mord hinauslaufen müssen, ist schon ein Stück Verrat; kein Gedanke ist immun gegen seine Kommunikation, und es genügt bereits ihn an falscher Stelle und in falschem Einverständnis zu sagen, um seine Wahr-

Dieser Blick ist der, den im FAUST ein »andrer Bürger« feiert:

»Nichts Bessers weiß ich mir an Sonn- und Feiertagen
Als ein Gespräch von Krieg und Kriegsgeschrei,
Wenn hinten, weit, in der Türkei,
Die Völker aufeinander schlagen.
Man steht am Fenster, trinkt sein Gläschen aus
Und sieht den Fluß hinab die bunten Schiffe gleiten;
Dann kehrt man abends froh nach Haus,
Und segnet Fried' und Friedenszeiten.«

Es ist dieser Blick des Lukrez und des »andern Bürgers«, der Jona
wie Lots Weib verwehrt ist. Es versteht sich, daß die Wahr-neh-

---

heit zu unterhöhlen. Aus jedem Besuch des Kinos komme ich bei aller Wach-
samkeit dümmer und schlechter wieder heraus. Umgänglichkeit selber ist Teilhabe am Unrecht, indem sie die erkaltete Welt als eine vorspiegelt, in der man
noch miteinander reden kann, und das lose, gesellige Wort trägt bei, das
Schweigen zu perpetuieren, indem durch die Konzessionen an den Angeredeten dieser im Redenden nochmals erniedrigt wird. Das böse Prinzip, das in der
Leutseligkeit immer schon gesteckt hat, entfaltet sich im egalitären Geist zu
seiner ganzen Bestialität. Herablassung und sich nicht besser Dünken sind das
Gleiche. Durch die Anpassung an die Schwäche der Unterdrückten bestätigt
man in solcher Schwäche die Voraussetzung der Herrschaft und entwickelt selber das Maß an Grobheit, Dumpfheit und Gewalttätigkeit, dessen man zur
Ausübung der Herrschaft bedarf. Wenn dabei, in der jüngsten Phase, der Gestus der Herablassung entfällt und Angleichung allein sichtbar wird, so setzt
gerade in solcher vollkommenen Abblendung der Macht das verleugnete Klas-
senverhältnis um so unversöhnlicher sich durch. Für den Intellektuellen ist un-
verbrüchliche Einsamkeit die einzige Gestalt, in der er Solidarität etwa noch zu
bewähren vermag. Alles Mitmachen, alle Menschlichkeit von Umgang und
Teilhabe ist bloße Maske fürs stillschweigende Akzeptieren des Unmenschli-
chen. Einig sein soll man mit dem Leiden der Menschen: der kleinste Schritt zu
ihren Freuden hin ist einer zur Verhärtung des Leidens.« (*Minima Moralia*,
S. 21 f.)

BIBLISCHES ERZÄHLEN kennt verschiedene Möglichkeiten, auf das Wort Gottes zu reagieren. Jonas Alternative ist dabei eine äußerste Zuspitzung. Immerhin gibt es Abraham, der in Gen 18 um das Leben von Sodom mit Gott geradezu feilscht. In langen Verhandlungen sehen wir Mose in der Wüste; bei den Propheten gibt es die Möglichkeit der Fürbitte, auch Hiob rettet die Freunde durch seine Fürbitte. Nicht gegeben ist jedoch die Möglichkeit der Zuschauerhaltung. Vollends das Erzählen selbst ist nicht die Frucht des Zuschauens – es entspringt dem Entrinnen. Hier ist eine Kette von »Knüpfungen« am Platze:

»... und ich bin ganz allein entronnen,
es dir zu melden.«
(Hi 1, 15.16.17.19)

... das ist der Satz, mit dem die Überbringer der »Hiobsbotschaften« ihre Meldungen enden lassen. Der Zusammenhang von Botschaft und Entrinnen, der hier aufscheint, geht weit über die kompositorische Funktion der Boten am Beginn des Hiobbuches hinaus. »... und ich bin ganz allein entronnen, es dir zu melden – wā'immalṭā rak 'anī leḇaddī leḥaggīd lāk!« mlt im Nifal: entkommen, entschlüpfen, straflos ausgehen, entrinnen, sich retten, verschont bleiben – das etwa sind die Bedeutungen (die sich in einem Zwischenbereich zwischen dem Transitiven und Intransitiven bewegen, vgl. dazu im Anschluß an die Schlußsätze von Blochs Prinzip Hoffnung Verf., Ursprung und Ziel, S. 20 f.). Im Hif'il bedeutet das Verb (nach Ges.-Buhl »natürlich« getrennt) retten (Jes 31,5) und gebären (Jes 66,7) – auch das Geboren-Werden ist ein Entrinnen, allein dieser Gedanke trägt weit in den Zusammenhang von Leben und Entrinnen hinein. Mit der Haut der Zähne entrinnt Hiob (19,20) – with »the skin of (our) teeth« heißt nach der King-James-Version die Stelle im Englischen, und das ist der Titel von Th. Wilders Roman, der – wohl nicht falsch – in der deutschen Fassung lautet: Wir sind noch einmal davongekommen. Entrinnen bedeutet Verschont-Werden – wie verhält sich das Reden des so Verschonten zum Geschick des Nicht-Entronnenen? Daran hängt fast alles. Daran zeigt sich, ob es die Stimme dessen ist, der entronnen ist, um zu erzählen – um der Opfer willen zu erzählen – oder ob er erzählt aus dem Triumph des Nicht-Erwischtseins. Ich höre einen gewaltigen Gegensatz zwischen der Stimme des Boten der Hiobspost und der des Nachrichtensprechers, der nicht entronnen ist, sondern unbetroffen war und ist und sein wird, der meldet, was anderswo, »weit, in der Türkei« geschah, damit und wobei uns wohl ist, weil wir hier leben und nicht zu den Opfern gehören. Der lukrezische »Schiffbruch« sei noch einmal erinnert; seine Pointe besteht, wie bezeichnet, in der Übertragung dieses Schiffbruchs mit Zuschauer auf einen anderen, ihm wichtigeren, der den Weisen, den Gebildeten als den Davongekommenen, als den Immerschon-Davongekommenen sichert. Das

mung Folgen hätte auch für die Lektüre des Jonabuches, der hebräischen Bibel überhaupt. BIBLISCHES ERZÄHLEN entspringt nie dem Zuschauen, wie könnte der Zuschauer es da verstehen?

---

wohlige Gefühl (nicht ohne Neugier, nicht ohne Mitleid, aber doch in erster Linie mit Erleichterung genossen), das den bekannten Stau auf der Gegenfahrbahn verursacht (nämlich den der Zuschauer des Schiffbruchs, – nicht weil wohlige Wonne es ist, daß ein anderer sich abquält, sondern zu merken, wie süß es ist, welcher Leiden du ledig –), wird so zum institutionalisierten Dauergefühl. Nicht: wir sind noch einmal davongekommen, sondern: wir sind die Davongekommenen. Unser Davongekommensein, unser Immer-wieder-nicht-Betroffensein ist unsere Eigenschaft, derer uns die Stimme des Nachrichtensprechers immer wieder versichert – während weit, in der Türkei...

Lukrez kann vom Vorsprung des Wissenden reden *wie* von der Betrachtung der Gefahr anderer, der Gefahr, in der man nicht steckt. *Dieses* Wissen ist ein Entrinnen aus *keiner* Gefahr. Es erzeugt wie die Wahrheiten der Freunde Hiobs allenfalls Richtigkeiten. Wenn es sich aber mit der Wahrheit so verhält, wie mit dem Entrinnen – wenn sich Wahrheit und Richtigkeit (nämlich die Wahrheit von Nichtbetroffensein und deshalb keine Wahrheit) so zueinander verhalten wie die Worte der Hiobsboten und die Stimme des Nachrichtensprechers – dann hätten wir wohl etwas gelernt über den Zusammenhang von Entrinnen und Erzählen – und auch etwas über das Erzählen der hebräischen Bibel.

In der Differenz zwischen dem Ton des Lukrez und des »anderen Bürgers« und der Stimme der Überbringer der Hiobsbotschaften läßt sich manche andere Unterscheidung festmachen. In der Differenz zwischen dem Glück des Nichtbetroffenseins bei Lukrez (gerade als Nichtbetroffensein von Unwissen) und dem Unglück, das Unglück melden zu müssen und (womöglich als einer von wenigen) die Worte zu haben, in denen das Unheil gemeldet werden kann, liegt die Differenz zwischen *Elite* und *Avantgarde.* Ich denke, daß sich damit und darüber hinaus auch der Ort von Wissenschaft und Wissenschaftsethik angeben läßt. Womöglich hat nur die Wissenschaft etwas zu melden, die »nichts zu melden« hat. Die Stimme der Überbringer der Hiobsbotschaft steht gegen die Stimme des Nachrichtensprechers, gegen das Glücksgefühl des Lukrez und jedes »anderen Bürgers«, gegen das Elitäre und das Objektive, gegen das Nichtbetroffensein als Eigenschaft. Es geht immer wieder um dieselbe Unterscheidung. Gegen ein: »Ich rede (melde), damit du siehst, daß ich entronnen bin« steht der Satz der Hiobsboten: »Ich allein bin entronnen, es dir zu

69

melden.« Dieser Satz ist in doppelter Weise *Zitat*. Denn das Zitat aus Hi 1 steht bei mehreren Schriftstellern an Stellen, wo sie etwas über ihre eigenen »Meldungen« sagen. So ist es bei dem jüdischen Expressionisten Alfred Mombert (*Sfaira der Alte*, 1936. 1942), so ist es bei Hermann Melville im *Moby Dick*. Dort ist das Zitat der Überbringer der Hiobspost Überschrift des letzten Kapitels und bezeichnet nicht nur die Situation des einzigen, der dem weißen Wal (einem, wie es im englischen Text heißt, »Job's whale« – einem Hiobswal: dem Leviathan) entronnen ist und deshalb davon erzählen kann, sondern auch die Rolle des Erzählers selbst, Melvilles eigene. Einer der Rückbezüge von Autoren auf die Hiobstelle sei etwas ausführlicher zitiert. In einem Interview mit Siegfried Lenz sagte Manès Sperber:

»Nun, gewöhnlich ist ja – im Unterschied zu den absoluten Negativisten, die fast bis in die Psychose gehen – der Widerstand, die Auflehnung, bewußt oder unbewußt, begleitet von einem Zielgedanken. Die Welt geht unter, aber dann kommt das Paradies, dann kommt das Himmelreich auf Erden und dergleichen mehr! Ich möchte in diesem Zusammenhang auf ein Erlebnis zu sprechen kommen, das sehr bezeichnend ist. Es ist zwar, rückschauend betrachtet, nicht das Wichtigste, aber es war ein wichtiger Ansatz. Ich lebte während des Ersten Weltkrieges in Galizien, sozusagen zwischen den Fronten. Die Front kam immer wieder zu uns, und ich war da eines Tages mit meinem Lehrer auf dem Friedhof. Wir wurden beschossen, und ich sah die Leichen, die aus den Gräbern gerissen wurden. Das war die tiefste Angst und zugleich die unerträglichste Furcht, die ich jemals erlebt hatte, schlimmer als alle Kinderängste, die ja ungeheuerlich sind. Und da geschah zweierlei mit mir. Erstens: Ich glaube, damit begann meine Schriftstellerei. Ich versuchte das, was ich erlebte, in Worte zu fassen, mir zu erzählen, und zwar als sollte ich es viel später einem anderen erzählen. Ich nannte es die Gegenwartsverrückung. (...) Damit entrann ich dieser unerträglichen Situation. Ich bin also der Bote, der kommt und dem Hiob sagt: Da kam ein Wind von Norden und riß alle Bäume aus, tötete. Ich allein bin entkommen, um es dir zu melden! In diesem Erleben liegt der Grund dafür, daß das Hiobselement in allem, was ich geschrieben habe, sehr stark ist«. (S. Lenz, *Gespräche mit Manès Sperber und Leszek Kolakowski*, München 1982, S. 33 f.).

Ich allein bin entronnen, es dir zu melden. Einzig das Melden, das Überbringen der Botschaft, das Weitergeben der Nachricht mildert das Unrecht, entkommen zu sein, wo so viele andere nicht entrannen. Und die Meldung enthält, *daß* so viele andere umkamen. Nur dann ist das Unheil wirklich, wenn wenigstens einer entkommen ist, um von ihm zu berichten. Die Meldung, die das Unglück verbürgt, behält aber damit *ein* Argument gegen die Totalität des Unheils. Denn: einer ist entronnen, es dir zu mel-

Warum aber wählt Jona unter den beiden Möglichkeiten so selbstverständlich die Flucht? Mehr als eine Antwort ist möglich und bleibt, aufs ganze des Buches gesehen, möglich, wie denn Fra-

---

den. Könnte keiner berichten, so wäre das Unheil nicht wirklich, kann einer berichten (und wäre es der fiktive Bericht eines Dichters), ist es nicht total. Noch einmal Melville, der auch im *Redburn* von einem »Schiffbruch mit Entronnenen« (ohne Zuschauer) erzählt:

»...yet provision should certainly be made for a handful of survivors, to carry home the tidings of her loss; for even in the worst of the calamities that befell patient Job, some *one* at least of his servants escaped to report it.«
(H. Melville, *Redburn* [1849], Kap. 59, Bungay 1976, S. 387)

Ich allein bin entronnen, es dir zu melden. Ebenso wichtig wie das erste Verb dieses Satzes – das *ml̦t*, entschlüpfen, entrinnen, verschont werden, sich retten – ist das zweite, das ich bisher traditionell mit »melden« übersetzt habe. *l^ehaggīd* ist ein Inf. hif. von *ngd* (davon auch das Adj. *nägäd* – gegenüber, aber auch: vom Ursprung her). *ngd* heißt im Hif. etwa melden, künden, aber auch – und das macht dieses Verb neben dem »entrinnen« zu einem Schlüsselwort für diese Konfiguration – *erzählen.* Von *ngd*, *higgīd* ist *Haggada* (aram. *Aggada*) abgeleitet, die Bezeichnung für die nichthalachischen Teile des Talmud. Wie sich *Halacha* (Weisung, Weg) und *Haggada, Aggada* (Erzählung) zueinander verhalten, ist nicht nur eine Frage an den Talmud. Die Frage nach dem Verhältnis von Weisung und Erzählung ist eine Schlüsselfrage an die *narrative Theologie* und darüber hinaus an Theologie überhaupt. Vielleicht hat die dogmatische Minderbewertung der Evangelienerzählung (etwa gegenüber argumentativen Texten des Paulus) und die Konzentration auf die ntl. *Lehre* aus einer »Halacha« erst eine »Dogmatik« gemacht. Wie wäre eine wegweisend-erinnernde und eine erzählend-erinnernde Theologie in ihren verschiedenen Disziplinen möglich? Wie sähe dann eine »Kirchengeschichte« aus? Wie verhielten sich »Weisung« und »Erzählung«, wenn beide »systematisch« begriffen wären?

Das *higgīd* der Überbringer der Hiobsbotschaften ist alles andere als unbeteiligte Meldung. Aber es ist ebenso alles andere als unverbindliches Plaudern (eine Gefahr für jedes Erzählen). Gerade an Hi 1 zeigt sich, daß solches Erzählen vom Entrinnen her kommt, wie es von den Sprüngen in der Kontinuität des Gewaltzusammenhangs lebt und wie es zuletzt auf Veränderung und Rettung zielt. Wie man erzählen soll, wenn es beim Erzählen um nichts Geringeres geht?

Zwei jüdische Geschichten vom Erzählen.
Die 1. erzählt M. Buber im Vorwort der *Erzählungen der Chassidim* (Zürich 1949, S. 6):

»Man bat einen Rabbi, dessen Großvater ein Schüler des Baalschem gewesen war, eine Geschichte zu erzählen. ›Eine Geschichte‹, sagte er, ›soll man so erzählen, daß sie selber Hilfe sei.‹ Und er erzählte: ›Mein Großvater war lahm. Einmal bat man ihn, eine Geschichte von seinem Lehrer zu erzählen. Da erzählte er, wie der heilige Baalschem beim Beten zu hüpfen und zu tanzen pflegte. Mein Großvater stand und erzählte, und die Erzählung riß ihn so hin, daß er hüpfend und tanzend zeigen mußte, wie der Meister es gemacht hatte. Von der Stunde an war er geheilt. So soll man Geschichten erzählen.‹«

Die 2. steht am Ende von G. Scholems Werk, *Die jüdische Mystik in ihren Hauptströmungen*, Frankfurt a. M. 1967 (Zürich 1957), S. 384. Scholem hat sie von Agnon gehört:

»Wenn der Baal-schem etwas Schwieriges zu erledigen hatte, irgendein geheimes Werk zum Nutzen der Geschöpfe, so ging er an eine bestimmte Stelle im Walde, zündete ein Feuer an und sprach, in mystische Meditationen versunken, Gebete – und alles geschah, wie er es sich vorgenommen hatte. Wenn eine Generation später der Maggid von Meseritz dasselbe zu tun hatte, ging er an jene Stelle im Walde und sagte: ›Das Feuer können wir nicht mehr machen, aber die Gebete können wir sprechen‹ und alles ging nach seinem Willen. Wieder eine Generation später sollte Rabbi Mosche Leib aus Sassow jene Tat vollziehen. Auch er ging in den Wald und sagte: ›Wir können kein Feuer mehr anzünden, und wir kennen auch die geheimen Meditationen nicht mehr, die das Gebet beleben; aber wir kennen den Ort im Walde, wo all das hingehört, und das muß genügen.‹ – Und es genügte. Als aber wieder eine Generation später Rabbi Israel von Rischin jene Tat zu vollbringen hatte, da setzte er sich in seinem Schloß auf seinen goldenen Stuhl und sagte: ›Wir können kein Feuer machen, wir können keine Gebete sprechen, wir kennen auch den Ort nicht mehr, aber wir können die Geschichte davon erzählen.‹ Und – so fügt der Erzähler hinzu – seine Erzählung allein hatte dieselbe Wirkung wie die Taten der drei anderen.«

Die BEWEGUNG, mit der Jonas Handeln einsetzt, bezeichnet einen Weg »weg von JHWH«, der zugleich ein »Weg nach unten« ist (s. auch u. S. 94 ff; zu den Räumen im Jonabuch vgl. auch Witzenrath, *Jona*, S. 63 ff.). Der tiefste Punkt von Jonas »Höllenfahrt« – der Bauch des Fisches – scheint für einen Augenblick (für die Dauer des Gebets) die Rettung zu verbürgen: Jona ist ganz unten *und* fühlt sich ganz bei Gott – wenn doch nur der Auftrag nicht wäre, nach Ninive zu gehen. Jonas scheinbar geglückte Flucht endet jäh mit dem Ausgespien-Werden aus dem Fisch, der ihm zum Privattempel werden sollte. Am Beginn von Kap. 3 befindet sich Jona wieder am Anfang. »Geh nach Ninive …!« Und Jona ging. Die große Stadt

gen das Jonabuch durchziehen, die ohne eindeutige Antwort bleiben, und wie eine offene Frage am Schluß des Buches steht. Jona weiß, daß sein Wort gegen Ninive als Wort Gottes Vernichtung wirken muß. Er versteht es so, wie er es in Ninive rufen wird, nachdem ihm, wie die beiden ersten Kapitel des Buches auf dramatische Weise erzählen, nach dem »tertium« auch das »secundum« »non datur«, indem er erkennen muß, daß ihm auch die Flucht keine Möglichkeit ist. Jona hat sich in BEWEGUNG gesetzt. Nicht ganz im Zentrum, vielmehr fast mitten in Ninive ruft er sein (einziges) prophetisches Wort:

»Noch vierzig Tage, und Ninive ist zusammengebrochen!« (3,46)

Da gibt es kein Wenn und Aber. Wenn es je in der Bibel eine unbedingte Unheilsansage gibt, dann ist es diese. Kein: wenn ihr euch nicht ändert, dann . . ., kein: wenn Gott nicht doch noch Erbarmen

---

hatte ein Ausmaß von drei Tagesreisen. Jona geht eine Tagesreise in die Stadt hinein und »ruft« dort. Warum spricht er *fast* mitten in der Stadt? Ist der Ort zwischen dem Zentrum und der Peripherie (Pasolinis Borgate?) die Stelle, an der man gehört wird? Aber *will* Jona gehört werden? Oder will er sich nur so rasch wie möglich des Auftrags entledigen? – Jona verläßt Ninive, um sich der Stadt gegenüber – wörtlich: östlich der Stadt – niederzulassen. So hätte er nach dem Ruf die ganze Stadt durchmessen? Nach dem Auftrag hätte er auch die Adressaten buchstäblich hinter sich gelassen?

Eine weitere Überlegung zu den Bewegungen im Jonabuch: Jonas Flucht ist ein Weg nach unten. Die Richtung heißt »down«. *Dieses »hinab«* entfernt ihn von Gott und den Menschen. Es ist ein Weg der Desolidarisierung. Desolidarisch und desolat will Jona im Fisch mit Gott im Reinen sein. Auf Jonas endlich erfolgten Ruf hin treten auch die Großen in Ninive einen Weg nach unten an. Der König steigt herab von seinem Thron und setzt sich auf die Erde. Die Hierarchien werden nivelliert; in Buße, Fasten und Trauer verschwinden die Rangunterschiede zwischen Mensch und Mensch, Mensch und Tier. *Dieses »hinab«* ist ein Weg der Solidarisierung. Jona aber ging weiter, hinaus aus der Stadt. Von diesem Weg hinab schließt er sich (abermals) aus.

GERECHTIGKEIT wollen, aber nicht HENKER sein wollen – abermals das Stichwort »Zweideutigkeit«. Vgl. zu dieser Zweideutigkeit (und damit zugleich als »Gegengift« zu dem o. S. 66 f. zitierten Text) aus den *Minima Moralia* die Aphorismen 33 (S. 65 f.) und 46 (S. 89 ff.).

»URSPRÜNGLICH wollte ich...« als Wiedergabe des qiddamtī soll anzeigen, daß der darin bezeichnete »Ursprung« nicht der »Anfang« einer linearen Zeit sein muß (vgl. Verf., *Ursprung und Ziel*, passim, zum Wortfeld *qädäm* S. 52). Für Jona 4,2 ist nicht ausgemacht, ob Jona referiert, was von Anfang an der Grund seiner Flucht war, oder *nun* auf den Begriff bringt, was sich vom Ergebnis her als Grund der Flucht darstellt. Mit dieser Nuance hängt die Bedeutung des »Wissens« zusammen, auf das Jona sich bezieht. Jonas »ich wußte« (*jäda‘tī*) hebt sich »als der Satz eines Sicheren« vom »*mī jode*ᵃ‘«, »dem verwegen hoffenden ›wer weiß?‹ der Niniviten in 3,9 ab (Zitate aus Wolff, BK, 139). Jonas ›Es-immer-schon-gewußt-Haben‹ steht gegen das »vielleicht« Nineves. Worauf gründet Jonas »Wissen«?

Jona »zitiert« eine liturgische Formel, die zum Umkreis deuteronomistischer Theologie gehört. Sie ist belegt in Ex 34,6, aber auch in Joel 2,13; Ps 86,15; 103,8; Neh 8,17, vgl. L. Perlitt, *Bundestheologie in Israel*, WMANT 36, Neukirchen 1969, 213 f.; Wolff, BK 140 f.). Auch wenn Ex 34,5 ff. keine uralte Theo*phanie* wiedergibt (und auch keiner der alten Pentateuchquellen zugehört; zur Begründung s. Perlitt, ebd.), sondern deuteronomistische Theo*logie*, dürfte hier der älteste Beleg für das Bekenntnis vorliegen, das Jona als Formel zitiert. In ähnlicher Weise »zitiert« Jona gegenüber den Seeleuten ein Bekenntnis zum Schöpfer- und Himmelsgott, das aus literarischen und religionsgeschichtlichen Gründen erst in der Perserzeit ausgebildet sein dürfte. Das letztgenannte Bekenntnis zitiert Jona augenfällig, ohne es zu *verstehen*. Denn wie sonst könnte er dem Gott, der das Meer gemacht hat, auf dem Meer entkommen wollen? Er zitiert es *wissend*, aber nicht *verstehend* – und allemal ohne Groll, ja, durchaus unbeteiligt (wiewohl wissend – und wiederum nicht verstehend –, daß er der Grund des Unheils über die Seeleute ist). Auch das Bekenntnis von Ex 34,6 sagt Jona (4,2) auf. »Man sieht, er weiß alles; genau, wie es im Katechismus steht, sagt er es her. Aber es war ihm bitter ernst mit seinem Vorwurf« (G. von Rad, *Der Prophet Jona*, in: ders., *Gottes Wirken in Israel*, hg. v. O. H. Steck, Neukirchen 1974, S. 70). V. Rad bezeichnet präzise die widersprüchliche Einheit von aufgesagtem Katechismus und bitterem Groll. Jona zeigt (wie die Murrenden in der Wüste, vgl. die Auslegung zu Ex 16 in Verf., *Ursprung und Ziel*, S. 126 ff.) eine *aufsässige Trägheit*. Um noch etwas genauer zu erkennen, in welcher Weise sich das Jonabuch mit der deuteronomistischen Theologie auseinandersetzt (These: Wie die Prophetenrolle im Jonabuch die Kriterien über wahre und falsche Prophetie von Dtn 18,20 ff. *aufhebt, hebt* die Gotteslehre des Jonabuches die Theo-

zeigt, dann ... Einzig dies: Noch vierzig Tage, und Ninive ist zusammengebrochen! Das wird der Schrei sein, den Jona gegen Ninive schleudern wird – und vor dem er jetzt flieht. Flieht er, weil er zwar GERECHTIGKEIT will, doch nicht HENKER sein? Flieht er gar, um Ninive, um die Niniviten *nicht* zu vernichten? Oder ist die von ihm selbst später gegebene Erklärung der Flucht schon am Beginn ihr Grund? Denn nach der alle Erwartungen sprengenden Umkehr Ninives, der gänzlich unerwarteten Art des »Zusammenbruchs«, und nach der alle Gerechtigkeit sprengenden Umkehr Gottes, der das angesagte Unheil *nicht* vollstreckt und damit Jona ins Unrecht setzt, schreit Jona abermals:

»Ach, JHWH! Habe ich mir das nicht gedacht, als ich noch in meinem Land war? Darum wollte ich URSPRÜNGLICH nach Tarschisch flie-

---

logie von Ex 34,6 f. *auf*), empfiehlt es sich, Ex 34,6 f. im Zusammenhang zu zitieren.

> 5 Da kam JHWH in der Wolke herab und er stellte sich dort
>   bei ihm auf und rief den Namen JHWHs an;
> 6 und JHWH zog vor ihm vorüber, und er rief:
>   JHWH, JHWH, erbarmender und gnädiger Gott,
>   langmütig und reich an Solidarität und Wahrhaftigkeit,
> 7 Tausenden die Solidarität haltend,
>   vergebend Schuld und Auflehnung und Sünde
>   doch nicht völlig straflos läßt er,
>   die Schuld der Väter heimsuchend an Kindern und Kindeskindern,
>   an der dritten und vierten Generation

Man kann das Jonabuch lesen als Anknüpfung an und Auseinandersetzung mit den beiden Teilen des Bekenntnisses von Ex 34,6 f. Auf der formalen Ebene kann man das Jonabuch als *Midrasch* über Ex 34,6 (f.) verstehen – so die These von Ph. Trible (s. o. S. 24; vgl. auch – ohne Bezug auf Trible – Vanoni, *Jona*, S. 153 f.). Auf der problemgeschichtlichen Ebene verstehe ich das Jonabuch als eine Auseinandersetzung um die Spannung zwischen den in Ex 34,6 und den in Ex 34,7 stehenden Aussagen über Gottes Handeln. Die problemgeschichtliche Dimension gewinnt in dem Maße an Gewicht, in dem man die theologische Nachgeschichte von Ex 34,6 f. mitbedenkt. Von diesem Bekenntnis her entfaltete jüdische Theologie eine Lehre von den 13 Eigenschaften JHWHs. Von ihnen sagt H. Cohen, *Religion der Vernunft aus den Quellen des Judentums*, (²1928) Nachdruck Darmstadt

1966, S. 109, mit Beziehung auf die Exodusstelle, es seien »eigentlich aber nur zwei: Liebe und Gerechtigkeit«. Cohen stellt heraus, daß es sich nicht um Eigenschaften des *Seins* Gottes handelt, sondern um Attribute des *Handelns*. Dennoch bleibt die Frage nach dem »und«, das Liebe und Gerechtigkeit verbindet. Um diese Frage kreist das Jona-Buch. Jonas Schwierigkeiten, »und« zu sagen, drücken sich formal darin aus, daß er Ex 34,6 »zitiert«, und das somit halbierte Bekenntnis gegen den nicht zitierten, aber von Jona seinerseits gegen Gottes Reue eingeklagten zweiten Teil in Ex 34,7 wendet. Jona gibt als »Ursprung« seiner Flucht das Wissen um die Vergeblichkeit an, den »strafenden« Gott von Ex 34,7 gegen den verzeihenden Gott von Ex 34,6 zu sichern.

Jona hat Schwierigkeiten mit dem »und«, das die Attribute des Handelns Gottes verbindet. Die Jona-Erzählung setzt ihren »Helden« ins Unrecht. Keineswegs sind aber durch die Jona-Erzählung die ins Recht gesetzt, denen dieses »und« leicht über die Lippen geht. Wo zuletzt das gehäufte »und« als widersprüchliches Handeln Gottes alles verbindet, was geschieht, da gerät die »Theodizee« zur bloßen Verdoppelung dessen, was ist. »Whatever is, is right« – der Schlußsatz von A. Popes *Essay on Man* wäre dann zuletzt die Quintessenz der Gotteslehre. In summierender Aufzählung geht dieses »und« ebensowenig auf wie im seichten »sowohl-als auch«. Und erst recht liegt die Wahrheit nicht in der Mitte, womit wir abermals beim Thema »Zweideutigkeit« wären und damit bei der folgenden »Knüpfung«. Doch zuvor noch eine Erinnerung an ein Kapitel der Wirkungs- wie der Nichtwirkungsgeschichte eines biblischen Textes, das in nicht zu übertreffender Härte zeigt, wie man etwas »kennt« und nicht »erkennt« und wie man etwas »wiedererkennt«, das man nicht gekannt hat.

Zitiert ist im folgenden ein Abschnitt des Interviews mit Richard Glazar, einem Überlebenden von Treblinka, in C. Lanzmanns Film *Shoah* (nach dem Text, C. L., *Shoah*, Düsseldorf 1986, S. 29 f.). Der Entronnene erzählt, wie zum ersten Mal in Treblinka die Leichen verbrannt wurden:

»Es war Ende November 1942.
Und als man uns von der Arbeit
hinunter in die Wohnbaracken gejagt hat, auf einmal
schlugen hinter dem Damm
aus dem Totenlager von dort
Flammen hoch,
und im Augenblick das ganze Gelände,
das ganze Lager war wie in einem Feuer.
Es war schon dunkel,
und wir kamen in die Baracke.
Wir nahmen Essen,
und durch das Fenster, durch ein kleines Fenster,
sahen wir immer die phantastische Feuersbrunst

hen. Ich wußte es ja, daß du ein gnädiger und gütiger Gott bist, zögernd im Zorn und reich an Solidarität, den das Unheil gereut!« (4,2)

Jona flieht vor der ZWEIDEUTIGKEIT. Er muß darauf setzen, daß Gottes Wort eintrifft, will er nicht ein falscher Prophet sein

---

mit allen möglichen Farben:
rot, gelb, grün, violett,
und auf einmal stand auf,
auf einer Pritsche,
einer, von dem wir wußten,
er war Opernsänger in Warschau.
Salve hat er geheißen, und hat...«
                                                    »Salve?«
»und hat vor dieser... vor dieser phantastischen Kulisse
angefangen, ein Lied zu singen,
das ich früher nicht gekannt hab:
›Eli, Eli,
warum hast du uns verlassen?
Man hat uns ins Feuer gebracht,
aber von deiner Heiligen Schrift wollte niemand ablassen.‹
Er hat das Lied in Jiddisch gesungen
vor der phantastischen Kulisse
des Feuers vom Scheiterhaufen,
auf den man
eben damals im November 1942 angefangen hat,
in Treblinka, Menschen zu verbrennen
...«

Eli, Eli, lama asabtani – Mein Gott, mein Gott, warum hast du mich verlassen. Das »jüdische Lied«, das diese Zeilen von Ps 22 aufgenommen hat, *kannte* das jüdische Opfer, das wie ein Hiobsbote »allein entronnen« ist, *nicht.* Das »christliche Lied«, das diese Psalmzeilen aufnimmt, die Worte Jesu am Kreuz – *kannten* die, die im Lager Treblinka die christlichen Mörder waren.

»ZWEIDEUTIGKEIT« ist (neben »Verrat«) der Schlüsselbegriff in K. Heinrichs *Parmenides und Jona* (s. o. S. 45). Das Wort selbst ist zweideutig und soll deshalb gegen Mißverständnisse nicht gesichert, aber doch verteidigt werden. Ein erstes Mißverständnis wäre die Verwechslung von *Zweideutigkeit* und *Indifferenz.* Die Wahrnehmung der widersprüchlichen Wirklichkeit, das Sich-nicht-auskennen-Wollen als Verweigerung der gewalttätigen und lebensmindernden Eindeutigkeiten von Moral und Technik, das Widerstehen gegenüber der Reduktion der Lebenswelt auf »ja-nein-«, »entweder-oder-«, »+ −«, »Strom-an-Strom-aus-Entscheidungen« bedeutet nicht den Verzicht auf entschiedene Praxis. Ninives »vielleicht« − wörtlich: »Wer weiß?« − führt zu *eindeutiger Praxis*. Die Zweideutigkeit dieses »wer weiß?« liegt in der unauflöslichen Widersprüchlichkeit ihrer Wahr-nehmung der Worte Jonas, die sie für wahr hielten (sonst wären sie nicht umgekehrt), und die sie nicht für unabwendbar hielten (sonst wären sie nicht umgekehrt). Die winzige Chance der »vielleicht« noch abwendbaren Katastrophe führt zu einer Praxis der Umkehr ohne jedes »vielleicht«. Die Widersprüchlichkeit der Handlung der Niniviten, die Jona in ihrer Reaktion ins Recht setzen, in ihrer Praxis ins »vielleicht« und im Ergebnis ihrer Praxis ins Unrecht, steht im Text von Jona 3,5 in einem scheinbaren Bruch der erzählerischen Logik. Auf Jonas Wort hin »glauben«, präziser »machen sich« die Niniviten »fest« an Gott. Das ist ebenso Folge eines Glaubens an Jonas Worte wie Hinweis auf die rettende Inkongruenz zwischen Jonas Gotteswort und Gottes Wort.

Die Konstellation reicht weit über Jona und Ninive hinaus. Die Gewißheit des Untergangs (weil Jonas Wort richtig ist) *und* das Setzen darauf, daß der Untergang noch wendbar ist, schließen einander in einer Logik aus und ermöglichen doch eindeutige Praxis der Umkehr. Das »wer weiß?« / »vielleicht« der Niniviten (zum Ausdruck vgl. J. L. Crenshaw, *The expression mi yodea in the Hebrew Bible,* VT 36 (1986) S. 274−288) zeitigt keine Indifferenz. Bei Jona dagegen gehen umgekehrt Eindeutigkeitsstreben, Moralismus, der Wunsch, sich auszukennen, und regressive Passivität zusammen.

Eine zweite »Präzision der Zweideutigkeit« ist erforderlich: Der grammatische Modus der Zweideutigkeit ist der Indikativ und gerade *nicht* der Konjunktiv. Die in der Wahrnehmung widersprüchliche und zweideutige, in der Praxis umso eindeutigere Haltung der Niniviten basiert auf der *logischen Unmöglichkeit* und − wie sie zeigen − *praktischen Möglichkeit* der Vermittlung zweier *realer* Sätze: 1. Der Untergang ist gewiß, denn Jona hat ihn im Auftrag Gottes gesprochen! 2. Der Untergang ist noch wendbar, denn Gott kann ihn wenden. Die Niniviten *handeln,* weil ihnen beide Sätze wahr sind. *Sie* haben erkannt, daß *beide* Teile in Ex 34,6 f. wahr sind, real sind. Ihre Praxis entspringt nicht der Abwägung zweier Möglichkeiten. Nicht: Es könnte sein, daß wir untergehen, es könnte aber auch sein, daß wir davonkommen (einer *solchen* scheinbaren Zweideutigkeit entspräche dann ein »vielleicht« der Praxis:... vielleicht sollten wir uns ändern... »eigentlich« müßte ja alles ganz anders werden... − ein vielleicht, das in aller Regel eben *keine* Praxis der Umkehr zur Folge hat), vielmehr zwei reale Sätze: Der Untergang ist gewiß − der Untergang kann abgewendet werden. Damit haben die Niniviten, wie sie der Jona-Erzähler uns darstellt, die Aussagen über Gott in Ex 34,6 und 7 erkannt, ohne sie zu kennen, während Jona sie kannte, ohne sie zu erkennen.

und soll nicht der Gott, in dessen Namen er redet, ein falscher Gott sein! Und er muß darauf setzen, daß sein Wort Gottes etwas bewirkt, verändert, wendet, will er ein Prophet sein. Denn nicht

---

Mit dieser »Präzisierung der Zweideutigkeit« hängt schließlich eine dritte zusammen. Die Zweideutigkeit, der Jona zu entgehen sucht, das zweideutige »wer weiß?« der Niniviten basiert auf der Notwendigkeit, zwei einander ausschließende Indikative zusammenzubringen. Der Untergang *ist* gewiß. Der Untergang *kann* abgewendet werden. Hier liegt die Wahrheit *nicht in der Mitte*. Die aristotelische Ethik des μεταξύ ist längst zum »kleinbürgerlichen Zug« der »Weder-noch-Kritik« (R. Barthes, *Mythen des Alltags,* Frankfurt a. M. ²1970, S. 64) verkommen, die durch die Vorgabe zweier ideologisierter Extreme und die Behauptung der eigenen gleichweiten Entfernung von beiden extremen (und damit nach jener Logik eo ipso falschen) Positionen die Wahrheit des eigenen Standorts postuliert. Buridans Esel heute muß nicht verhungern, sondern weiß sich im Habermus der Wahrheit, wenn er nur in der Mitte bleibt – und er bleibt schon deshalb stets in der Mitte, weil er die Ränder, von denen er sich stets gleichweit entfernt hält, selbst definiert. Deshalb entspricht diese Art des »zwar-aber« und des »weder-noch« nicht der Wahrnehmung der Zweideutigkeit der Wirklichkeit, sondern *konstruiert* eine eigene *eindeutige.* P. Handke hat diesen Zug konstruktivistischer Denkverweigerung in der »Satzbiographie«: »Was ich nicht bin, nicht habe, nicht will, nicht möchte, was ich habe und was ich bin« (in: ders., *Die Innenwelt der Außenwelt der Innenwelt,* Frankfurt a. M. 1965, S. 23 ff.) »zitiert«. Ich möchte daraus einige Abschnitte wiedergeben (womit der Form des ganzen Textes Gewalt angetan ist), die die Differenz erhellen zwischen der Zweideutigkeit, der Jona entfliehen will, und der alltagsmythischen »Weder-noch-Kritik«, die Barthes und Handke bezeichnen:

». . .
Was ich ERSTENS, ZWEITENS und DRITTENS nicht bin:
Ich bin erstens kein Träumer, zweitens kein Einsiedler
und drittens kein Bewohner des Elfenbeinturms.
. . .
Was ich ZWAR nicht bin, ABER AUCH nicht bin:
Ich bin zwar kein Feigling, aber auch kein Lebensmüder
Ich bin zwar kein Verächter des Fortschritts, aber auch kein Anbeter alles Neuen
Ich bin zwar kein Militarist, aber auch kein Verfechter eines faulen Friedens

Ich bin zwar kein Anhänger von Gewalt, aber auch kein Prügelknabe
Ich bin zwar kein Schwarzseher, aber auch kein blauäugiger Utopist
Was ich WEDER NOCH bin:
Ich bin weder ein Nationalist noch ein Gleichmacher
Ich bin weder ein Anbeter der Diktatur noch ein Verteidiger einer falsch
verstandenen Demokratie
...
Was ich nicht will, ABER:
ich will ja nicht sagen, daß hier alles in Ordnung ist, aber –
...« (S. 23 ff.)

Die politische Aktualität dieser Sätze bedarf keiner Ausführung. Wie es
mit einer theologischen und kirchlichen (was ist denn das nun wieder für
ein »und«?) Aktualität steht, mag daran überprüft werden, ob Sätze wie die
folgenden (Handkes Satzbiographie nachgebildeten und auf Ex 34,6 und 7
bezogenen) bekannt klingen:

Die Bibel lehrt weder eine alle und alles gleichmachende Nachsicht noch
die Durchsetzung der Gerechtigkeit um jeden Preis
Gott handelt zwar nicht ohne sein allesverzeihendes Erbarmen über die
Sünder, aber auch nicht ohne die gerechte Bestrafung der Bösen

(Beiläufige Anregung: eine sprachwissenschaftliche Arbeit über die Syntax
von Denkschriften...)

OFFEN-HERAUS-SAGEN ist die Grundbedeutung des griechischen
πρόφημι vgl. E. Fascher, ΠΡΟΦΗΤΗΣ. *Eine sprachgeschichtliche und re-
ligionsgeschichtliche Untersuchung*, Gießen 1927; zum Thema ferner
S. Herrmann, *Ursprung und Funktion der Prophetie im alten Israel*,
RWAW G 208, Opladen 1976; B. Lang, *Wie wird man Prophet in Israel?*,
Düsseldorf 1980.
    Das »Offen-heraus-Sagen« erfolgt bei den Propheten Israels nicht nur
durch Worte, sondern auch durch Symbolhandlungen. Um sie zu beschreiben, beginne ich mit der Erinnerung an symbolische Aktionen der letzten
Jahre:
    Ein Mann kommt durch ein altes Stadttor auf einen Versammlungsplatz.
Er ist auffällig gekleidet, trägt als Kopfbedeckung eine Art Waffe, hält in
der Hand ein Plakat, das eine gereimte Inschrift trägt, die vor der Fortsetzung der gegenwärtigen Regierungspolitik warnt. Er selbst skandiert ähnliche Sprüche; dabei klatscht er rhythmisch in die Hände und geht in einer
rhythmischen Schrittfolge. Die meisten der Versammelten reagieren mit
Zustimmung; andere verhalten sich ablehnend – jedenfalls ist die Form
der Agitation verständlich, die Symbolik (z. B. der waffenförmigen Kopfbedeckung) leicht zu entschlüsseln, der Plakatspruch eingängig. Es handelt

das *Vorher*sagen der Zukunft macht den Propheten aus, sondern das *OFFEN-HERAUS-SAGEN* dessen, was ist, damit es sich *ändert*. Der Widerspruch für den Propheten ist nicht weniger ein Widerspruch in Gott: Wie kann Jona im Auftrag eines Gottes künden, der wahrmacht, was er sagt, *und* der Leben will?

---

sich um die szenische Gestaltung einer politischen Aussage, um politisches Straßentheater, um ein Element in einer Demonstration. Jeder von uns dürfte eine solche Szene einmal erlebt haben. Ich denke z. B. an den 10. 10. 1981 in Bonn: das Koblenzer Tor, der Hofgarten, Menschen mit Politikermasken, einer als Uncle Sam auf Stelzen, einer mit einer Papprakete auf dem Kopf, Plakate mit Sprüchen wie »entrüstet euch!«, rhythmische Parolen, rhythmische Schrittfolge im Takt der Musik – da, wo noch etwas Platz ist –, Freude der Umstehenden bei besonders guten Sprüchen oder anderen gelungenen Formen szenischer Darstellung. Denke ich wirklich an den 10. 10. 1981 in Bonn? Oder denke ich an die Propheten Israels? Einen, der durch das Stadttor den Versammlungsplatz betritt, einen z. B. wie Jesaja, der eine Zeit lang nackt auftrat (Jes 20), um in einer symbolischen Aktion zu demonstrieren, wie bald die Ägypter nackt in die assyrische Knechtschaft geführt werden, an einen wie jenen Zidkija aus 1. Kön 22, der sich eiserne Hörner auf den Kopf setzte (»Damit wirst du die Aramäer stoßen, bis du unter ihnen aufgeräumt hast«) oder einen wie Jeremia, der sich ein Joch auflegt, um die Niederlage darzustellen (Jer 28). Vielleicht denke ich an einen wie Jesaja, der mit einem »Plakat« auftritt (Jes 8,1: Nimm dir eine große Tafel und schreib darauf mit lesbarer Schrift. . .; zur Diskussion über die schwer verständliche Wendung $b^e\underline{h}\ddot{a}r\ddot{a}\underline{t}$ $^{'a}n\ddot{o}\check{s}$ vgl. Wildberger, BK X, S. 311 ff.), das die Inschrift trägt: »Schnelle Beute, rascher Raub« *(maher šālāl hāš baz)*. Vielleicht denke ich an einen wie Ezechiel, der seine Sprüche mit Händeklatschen und Fußaufstampfen unterstreicht (z. B. Kap 21). Alle Einzelheiten der Anfangsszene ließen sich sowohl mit Erinnerungen an die Bonner Friedensdemonstration als auch mit Zitaten atl. Texte über das Auftreten von Propheten belegen. In dieser Hinsicht scheint mithin die Differenz zwischen einer deutschen Stadt des 20. und einer israelitischen des 9. oder 6. Jh. v. Chr. nicht so groß zu sein. Das bedeutet gewiß nicht, daß wir das Wesen der Prophetie in Israel schon hinlänglich verstanden hätten, wenn wir die Parallelen zur gegenwärtigen »Demo-Szene« erinnern. Aber ohne jenes Element der *Gegenöffentlichkeit*, der *Agitation*, des *Straßentheaters*, der *symbolischen Aktion* wahrzunehmen, könnten wir das Wesen der Prophetie gewiß auch nicht erfassen. Dabei kann man das Repertoire der Prophetie in dieser Hinsicht noch erheblich über unsere

Ausgangsszene hinaus erweitern. Hier nur einige Beispiele: An Amos wäre zu erinnern, der seine staatszersetzenden Thesen (so jedenfalls das Urteil des zuständigen Ministers, vgl. Am 7) mitten im Reichsheiligtum in Betel ausspricht. An Chananja wäre zu erinnern, der in einer symbolischen Gegenaktion das seinerseits symbolische Joch des Jeremia zerbricht (Jer 28 — zugleich ein wichtiger Hinweis darauf, daß jenes Repertoire keine Kriterien zwischen wahrer und falscher Prophetie zu liefern imstande ist — wie denn auch heute die Form etwa eines symbolischen Protestes noch nicht die Wahrheit verbürgt!). Zu erinnern wäre an Ezechiel, der die von ihm als Konsequenz der bisherigen Politik, mehr noch: der bisherigen Grundeinstellung in Jerusalem angesehene Zerstörung der Stadt in einer Art Szene einer Kleinkunstbühne vorwegnimmt (4,1—3). Ebenfalls Ezechiel ist es, der die künftig erwartete Notzeit szenisch dadurch vorwegnimmt, daß er selbst minimale und minderwertige Nahrung zu sich nimmt (4,9 ff., B. Lang. *Wie wird man Prophet in Israel*, S. 29, spricht von »eine(r) Art Hungerstreik«). Schließlich — um nur noch ein Element jenes Repertoires zu nennen: zu erinnern wäre an Ezechiel, der in seiner eigenen äußeren Erscheinung die zukünftige Katastrophe vorwegnimmt, nämlich durch das Anlegen des Schermessers an Haupt- und Barthaar, womit das künftige Kahlrasieren des Landes durch die babylonische Armee demonstriert werden soll, vgl. Ez 5.

Die Erinnerung an Ezechiel führt uns noch einen Schritt weiter zu den Grenzfällen eines »Offen-heraus-Sagens«. Ezechiels »Praxis« nämlich wird in einer Weise geschildert, die — man denke an die Lähmungserscheinungen, die das Buch durchziehen (vgl. B. Lang, *Ezechiel*, EdF 153, 1981, S. 57 ff.) — kaum noch als Praxis-, sondern nur noch als Erleidensschilderung erscheint, Ezechiel *zeigt* nicht etwas an seiner Lähmung, wohl aber zeigt *sich* an Ezechiels Lähmung etwas. Nicht die *Handlung* des Propheten, sondern sein *Zustand* ist ein »Offen-heraus-Sagen« dessen, was ist. An ihm wird der Zustand eines Ganzen demonstriert. Erinnern die Symbol*aktionen* der Propheten — etwa Ezechiels szenische Aktion der Belagerung Jerusalems an Environments gegenwärtiger Künstler, so wären Beerbungen der ezechielischen Symbol*passionen* wohl eher in den psychiatrischen Kliniken zu finden. Tatsächlich also ist die Frage nach einem Irrsinn des Propheten (die in der Vergangenheit zu z. T. abenteuerlichen »Diagnosen« führten — man lese die Darstellungen bei Lang und beachte dabei auch die signifikante Rollenaustauschsituation im theologisch-medizinischen Diskurs, bei dem Theologen »medizinisch« und Mediziner »theologisch« argumentieren...) nicht von vornherein falsch. »Irrsinnig« sind aber in erster Linie die Zustände, die im »Irrsinn« des Propheten ihren Ausdruck finden. Es ist zu vermuten, daß es sich nicht um eine besondere Bedingung der Exilszeit Israels handelt. Wo jedenfalls heute von einem prophetischen

Im Jona der Erzählung ist ein großes Problem in der Geschichte der israelitischen Prophetie aufgehoben. Auf der Textebene der hebräischen Bibel geht es um die Spannung zwischen Dtn 18 und Ez 18. Im Prophetengesetz des Deuteronomiums ist nach einer langen und oft quälenden Geschichte der Versuche, Kriterien der Unterscheidung wahrer und falscher Prophetie zu gewinnen (erinnert sei nur an MICHA BEN JIMLA in 1 Kön 22 und vor allem an

---

Amt die Rede ist, da wären die »Amtsträger« an verschiedenen Stellen zu finden. Das Landeskrankenhaus ist auch Ausdruck der Krankheit des Landes.

MICHA BEN JIMLAS Geschichte in 1. Kön 22 berichtet, wie der König Ahab von Israel gemeinsam mit Josafat von Juda versucht, die in die Hand der Aramäer gefallene Stadt Ramot in Gilead zurückzuerobern. Vor Beginn des Feldzuges – wir schreiben das Jahr 853 – befragt Ahab die Propheten. Gemeinsam künden sie – 400 an der Zahl, wie der Text berichtet – den gewissen Sieg: »Zieh hinauf! Jahwä wird [die] Stadt in die Hand des Königs geben!« (v. 6). Einer von ihnen namens Zidkija unterstreicht diesen Spruch noch mit einer Symbolaktion. Er hatte sich eiserne Hörner gemacht: »Damit wirst du die Aramäer stoßen, bis du unter ihnen aufgeräumt hast« (v.11). Ahab scheint zufrieden, doch bleibt sein königlicher Kollege Josafat noch skeptisch: »Gibt es keinen weiteren Propheten JHWHs, den wir fragen könnten?« (v.7). Einen solchen gebe es schon noch, muß Ahab einräumen, einen Micha, Sohn des Jimla, doch den mag er nicht fragen, denn er sage immer nur Böses. Josafat besteht dennoch darauf, auch diesen Micha ben Jimla zu befragen, und die Ahnung des Ahab trog nicht. Micha, von einem Boten instruiert, er habe gefälligst das zu sagen, was die 400 kündeten, wird gefragt, schließt sich sogar auf Anhieb dem Spruch der Kollegenmehrheit an, doch kündet er, ein zweites Mal befragt, plötzlich ganz anderes. Er sieht Israel als zerstreute Herde ohne Hirten – ein deutliches Bild des bevorstehenden Todes des Königs. Das habe er ja gleich gewußt, daß von diesem Micha nichts Gutes zu erwarten sei, wirft Ahab grämlich ein, doch Micha begründet seine Vision mit einer zweiten. Er habe JHWH selbst in seinem himmlischen Thronrat gesehen. Da sei ein Lügengeist beauftragt worden, die Propheten zu verblenden. Es kommt, wie nicht anders zu erwarten, zu handgreiflichen Auseinandersetzungen. Zunächst schlägt jener Zidkija, der sich mit den eisernen Hörnern hervorgetan hatte, den Micha. Er will sich verständlicherweise ungern der Verblendung bezichtigen lassen. Dann läßt Ahab den Unheilspropheten einsperren. Doch vermag wie so oft die Denunzierung und die Beseitigung des Unheils*boten* nicht das *Unheil* zu beseitigen: Ahab unternimmt den Kriegszug und fällt.

Die alte Erzählung 1. Kön 22, die im 9. Jh. spielt, gibt uns einige Aufschlüsse über das Problem wahrer und falscher Propheten. Bereits hier (und später bis zu den Zeiten des Jeremia und – noch später – des Nehemia) treffen wir nebeneinander auf Heilspropheten und Unheilspropheten. Bereits hier erweisen sich die Heilspropheten als solche, die dem Herrscher nach dem Munde reden, während die Kritikfähigkeit sich mit der Ankündigung von Unheil verbindet. Diese Konstellation: *Kritik + Unheil* versus *Affirmation + Heil* ist nicht in allen Fällen zu beobachten. Hier bekommen wir kein starr anzuwendendes Regelsystem an die Hand: etwa der Art, daß jeweils im Recht sei, wer Unheil künde, oder daß der der kritischste Geist sei, der sagt, es werde bös enden. Dennoch erweist sich im Blick auf die Prophetie der hebräischen Bibel – und zwar sowohl vom statistischen Befund her als auch von den in der Bibel selbst genannten Kriterien (vgl. Jer 23 und 28) –, daß der Ideologie-Verdacht bei dem oder den Propheten nahe liegt, die affirmativ, *mit* dem herrschenden Denken und Wollen Heil künden, während sich in der Regel erweist, daß Kritik und eigenes Urteil sich mit einer düsteren Lagebeurteilung und von daher einer Unheilsankündigung verbinden.

Bereits hier in 1. Kön 22 sehen wir, daß es Streit gibt über die Frage, *wer* von den konkurrierenden Propheten tatsächlich das Wort JHWHs kündet. Letztlich erweist sich das – nicht nur in dieser Geschichte – erst vom Ende her. In der akuten Auseinandersetzung berufen sich beide Parteien auf das Wort JHWHs. Immerhin ist es einmal zugleich das, was der König gern hören möchte, das andere Mal eine Aussage, die er verdrängen, verhindern will. Hier liegt ein Kriterium der Wahrheit, kein wahrheitsverbürgendes Rezept!

Bereits hier – und das deutlich – zeigt sich, daß das Künden der eigenen *Sicht* (hier geradezu im Sinne eines Sehens, einer Vision) Beschwerlichkeiten nach sich zieht.

Die Auseinandersetzung zwischen JEREMIA und CHANANJA zeigt den Konflikt noch dramatischer an.

Im selben Jahr, ›im vierten Jahr Zedekias, des Königs von Juda‹, im fünften Monat sprach der Prophet Chananja, der Sohn des Assur, aus Gibeon im Hause Jahwes in Gegenwart der Priester und des ganzen Volkes zu ›Jeremia‹: »So hat Jahwe der Heerscharen, der Gott Israels, gesprochen: ich zerbreche das Joch des Königs von Babel! Binnen zwei Jahren bringe ich zu diesem Orte alle die Geräte des Hauses Jahwes zurück, die Nebukadnezar, der König von Babel, von hier mitgenommen und nach Babel geholt hat; auch den Jechonja, den Sohn Jojakims, den König von Juda, und alle Weggefährten Judas, die nach Babel gekommen sind, bringe ich hierher zurück, ist der Spruch Jahwes, denn ich zerbreche das Joch des Königs von Babel.« Da sprach der Prophet Jeremia zu dem Propheten Chananja in Gegenwart der Priester und des ganzen Volkes, das beim Hause Jahwes stand – so sprach der Prophet Jeremia:»Amen, so möge Jahwe tun! Jahwe bestätige deine Worte, die du geweissagt hast, indem er die Geräte des Hauses Jahwes und alle Weggefährten von Babel hierher zurückbringt! Nur höre dieses Wort, das ich vor dir und dem ganzen Volk ausspreche:

die Propheten, die vor mir und dir von alters her gewesen sind, die haben über mächtige Völker und große Reiche von Krieg, Unheil und Seuche geweissagt. Dagegen bei dem Propheten, der von Heil weissagt, gilt: am Eintreffen des Prophetenwortes wird der Prophet erkannt, den Jahwe *wirklich* gesandt hat.« Der Prophet Chananja aber nahm das Joch vom Hals des Propheten Jeremia und zerbrach es.

Und Chananja sprach in Gegenwart des ganzen Volkes:»So hat Jahwe gesprochen: ebenso zerbreche ich binnen zwei Jahren das Joch Nebukadnezars, des Königs von Babel, vom Hals aller Völker.« Und der Prophet Jeremia ging seines Weges.

Es erging aber das Wort Jahwes an Jeremia, nachdem der Prophet Chananja das Joch vom Halse des Propheten Jeremia zerbrochen hatte:»Geh und sprich zu Chananja: so hat Jahwe gesprochen: Hast du hölzernes Joch zerbrochen, so schaffst du an seiner Stelle eisernes Joch. Denn so hat Jahwe der Heerscharen, der Gott Israels, gesprochen: ein eisernes Joch lege ich auf den Hals aller dieser Völker, daß sie Nebukadnezar, dem König von Babel, dienen müssen.« Und der Prophet Jeremia sprach zum Propheten Chananja:»höre doch, Chananja! Jahwe hat dich nicht gesandt, und du hast diesem Volk falsche Hoffnungen erweckt, darum hat Jahwe also gesprochen: Siehe, ich tue dich weg vom Erdboden, heuer stirbst du noch! Und der Prophet Chananja starb im selben Jahr im siebten Monat.
(Jer 28,1–17, Übersetzung nach W. Rudolph, HAT ²1958)

Beide Propheten verfügen über ein JHWH-Wort. Auch Chananja – gerade er – steht in prophetischer Tradition. War es nicht von Jesaja herrührende Verheißung, daß Jerusalem nicht preisgegeben werde von seinem Gott? Wie kann – um es pointiert zu sagen – Jesaja ein wahrer, der wie er kündende Chananja (vgl. Jer 28, mit Jes 7,5 ff.) aber ein falscher Prophet sein?»Das Prädikat Pseudoprophet autoritativ auszusprechen, ist dem Propheten vorbehalten«, schreibt G. Quell (*Wahre und falsche Propheten*, 1952, S. 213) zu dieser Stelle, und H. W. Wolff pflichtet ihm bei:»Nur das charismatische Urteil des Pneumatikers selbst kann entscheiden, ob ein Prophet von Gott gesendet ist« (*Hauptprobleme atl. Prophetie, GesStud* S. 230). So müßte man denn selbst Prophet sein, um wahre von falscher Prophetie unterscheiden zu können? Abgesehen davon, daß diese Bedingung vom Exegeten nicht leicht erfüllt wird — unverdrossen wird er gleichwohl urteilen, zuletzt durch nichts als Konvention geleitet, derzufolge Jeremia ein wahrer, Chananja ein falscher Prophet ist. Jeremia selbst jedenfalls spricht nicht gerade autoritativ, sondern eher zögernd — sucht nach Kriterien. Die Klarheit der Entscheidung eines Micha ben Jimla steht ihm nicht mehr zu Gebote. Deshalb können wir uns nicht darauf zurückziehen, zwar fehlten *uns* die Kriterien, die Propheten jedoch — sofern sie wahre sind — verfügten über die Kenntnis des Willens JHWHs und vermöchten von daher Wahrheit und Lüge zu unterscheiden. Es versteht sich, daß diese Argumentation — wie sie neben den genannten auch v. Rad und eine Vielzahl weiterer Alttestamentler vortragen — geradezu ein Modell eines Zirkelschlusses bildet. Kurz: ein »Alethometer« für Propheten gibt es nicht. Aber ist deshalb die Unterscheidung von wahrer und falscher Prophetie gänzlich obsolet? Keineswegs! Freilich muß eine statische Fragestellung: Was *ist* wahre, was *ist* falsche Prophetie? aufgegeben werden zugunsten einer dynamischen, einer geschichtlichen. Zu fragen ist: Wann *wird* Prophetie zur falschen? Nicht: Warum *ist* die Prophetie des Jesaja wahre und die — so ähnliche — Chananjas falsche? sondern: Warum *wird* die Jesajabotschaft im Munde Chananjas zur falschen Prophetie? Nicht um die Beschreibung, gar Definition von Wahrheit ist es zu tun, sondern um die Angabe von Kriterien, Bedingungen, unter denen Wahrheit in Lüge, richtiges in falsches Bewußtsein, Utopie in Ideologie, Kritik in Affirmation und Emanzipation in Herrschaft *umschlägt*.

Ich möchte diese Fragestellung erläutern an einem literarischen Beispiel aus dem 19. Jh., in dem Konstellationen des 17. zur Sprache kommen. In Jens Peter Jacobsens Roman »Frau Marie Grubbe« (Untertitel: Interieurs aus dem 17. Jh.) findet sich eine Szene, in der Erik Grubbe mit dem Pfarrer Jens Jensen Paludan zusammensitzt. Erik Grubbe lädt den Pfarrer zum Bier ein:

»Bierkrüge und eine große Schneppenkanne aus Ebenholz, mit silbernen Ringen verziert, wurden aufgetragen. Und dann tranken sie einander zu.

›Heydenkamper! Echter, adeliger Heydenkamper!‹ rief der Pfarrer mit einer Stimme, die vor Begeisterung und Rührung zitterte; und als er sich selig in den Stuhl zurücklegte, hatte er fast Tränen in den Augen.

›Ihr seid ein Kenner, Herr Jens!‹ schmunzelte Erik Grubbe. ›Ach was, Kenner! Wir sind von gestern und wissen nichts‹, murmelte der Pfarrer geistesabwesend, ›übrigens denke ich daran‹, fuhr er mit erhobener Stimme fort, ›ob es wohl seine Richtigkeit mit dem haben sollte, was ich mir von dem Brauhaus der Heydenkamps habe erzählen lassen. Ein Freimeister hat es mir erzählt, einmal dort oben in Hannover, zu der Zeit, als ich mit Junker Jörgen reise. Seht, er sagte, sie begönnen mit ihrem Brauen immer in einer Freitagsnacht; aber ehe irgend jemand Erlaubnis erhalte, Hand an irgend etwas zu legen, müsse er zu den Altgesellen gehen und seine Hände auf das große Gewicht legen und bei

Feuer und Blut und Wasser schwören, daß er keine gehässigen und bösen Gedanken mit sich herumtrüge, denn dieses würde dem Bier Schaden tun. Er erzählte auch, daß am Sonntagsmorgen, wenn die Kirchenglocken zu gehen anhüben, sie alle Türen und Fenster und Luken weit öffneten, damit es über das Bier hinläuten könne; das Fürnehmste aber, das werde getan, wenn das Bier hingesetzt wäre, um zu gären; dann käme der Meister selbst mit einer prächtigen Lade, aus selbiger zöge er schwere, goldene Ringe und Ketten und köstliche Steine, auf denen eigenartige Zeichen seien, und das würde alles in das Bier hineingelegt; und das kann man sich ja denken, daß solcherlei edle Reichtümer dem Trunk Los und Anteil an den geheimen Kräften geben müssen, so von Natur in ihnen wohnen.‹

›Ja, darüber kann man nicht gut etwas wissen‹, meinte Erik Grubbe, ›ich habe nun mehr Glauben zu dem Braunschweiger Hopfen und dem andern Kräuterwerk, so sie hinzusetzen.‹«
(zit. nach der Ausgabe Reclam jun. Leipzig 1972, S. 17 f. – Übers. v. Mathilde Mann [1889])

Was verbürgt die Qualität des Bieres denn nun »wirklich«? Sind es die keuschen Gedanken der Brauer bei der Arbeit, die Kirchenglocken und die geheimen Kräfte der alten Insignien von Macht und Reichtum oder ist es die Beschaffenheit von Hopfen und Kräutern? Die Beantwortung der Frage hängt ab von der Versuchsanordnung ihrer Überprüfung. Der Labortest vermag zwischen dem Bier mit und dem Bier ohne Glockenläuten keinen Unterschied zu entdecken. Doch wird diese Objektivität erkauft um den Preis der Trennung von Produkt und Produzent. Die Reduktion konnte kritisch, emanzipatorisch sein. Die Emanzipation des Bürgertums von der Feudalgesellschaft (und die neuzeitlicher Wissenschaft von den Fesseln kirchlicher Bevormundung) bedurfte solcher Reduktionen, solcher Objektivierungen, um mit dem Subjektiven die in ihm geronnene Herrschaft zu überwinden. Denn mit der Qualität des Bieres waren ja im alten System das Moralsystem, die Rolle der Kirche und die der Insignien von Macht und Reichtum verbunden. Folgt man dem Pfarrer, so gibt es gutes Bier nicht ohne jene Macht. Erst die Lösung – hier der Bierqualität, doch kann man die neuzeitliche Wissenschaft selbst an ihre Stelle setzen – von Moral, Kirche und Gilde erlaubt die Befreiung der Subjekte von eben jener Gewalt. Doch ist mit dieser Emanzipation der Keim neuer Herrschaft, neuer Gewalt, neuer Ideologie gesetzt. Sie erlaubt, den Produktionsprozeß zu trennen von den Gedanken, Empfindungen, zuletzt vom Lebenszusammenhang der Produzenten. So zerschlägt sie alte Gewalt, um selbst in Gewalt umzuschlagen. Eben die Objektivierung, die gegenüber dem Feudalsystem emanzipatorisch ist, schlägt um in Ideologie. (Nostalgisch und kritisch zugleich klingt deshalb *heute* eine »Gegengeschichte« wie die chassidische, die davon erzählt, warum der Seher von Lublin in dem eigens für ihn gemachten schönen Bett nicht schlafen konnte. Buber (*Erzählungen der Chassidim*, S. 464 f.) erzählt, daß die Trauer des 9. Aw, des Gedenktages der Vernichtungen in das Werkstück selbst einging, das an diesem Tag verfertigt wurde.)

Der SICHERE MASSSTAB löst ein Problem, um ein neues, größeres zu *stellen*. Die zitierten Sätze stellen die Schlußpassage des Abschnitts (Dtn 18, 9–22) über die Propheten in den »Ämtergesetzen« des Deuteronomiums dar. Thema ist die Abwehr unerlaubter Divinationsformen (V.10 f.) und die Legitimation von Propheten (hier in einer Art mosaischen Sukzession gesehen). Nur ›ein Prophet wie Mose‹ ist legitimer Künder des Gotteswillens. Deshalb schließt der Abschnitt mit der in V. 20 getroffenen Abgrenzung gegen die falschen Propheten. Ein falscher Prophet ist einer, der entweder Falsches im Namen JHWHs sagt oder der im Namen anderer Götter kündet. Läßt sich das zweite im Wortlaut des Prophetenspruches erkennen und ahnden, so ist die Abgrenzung gegen den Propheten, der im Namen des richtigen Gottes etwas Falsches sagt, sehr viel schwerer zu treffen. Die Bestimmung fordert deshalb eine weitere Präzisierung, die Nennung von Kriterien der Unterscheidung wahrer und falscher Prophetie. Diese Bestimmung trifft V. 21 f. – literarisch eine Ergänzung des Abschnittes über die Propheten, die an die Formulierungen von V. 20 anknüpft. (Zur Literarkritik vgl. L. Hoßfeldt, *Wahre und falsche Propheten in Israel*, BiKi 38, 1983, S. 142 f.; U. Rüterswörden, *Von der politischen Gemeinschaft zur Gemeinde. Studien zu Dt 16, 18–18, 22*, Habil. Schr., Kiel 1986, zitiert nach dem Ms. S. 88 f. Die Arbeit ist 1987 in den Bonner Biblischen Beiträgen, Frankfurt a. M., erschienen.)

Das Kriterium von Dtn 18,21 f. ist klar formuliert: Ob ein Prophet wahr geredet hat, entscheidet sich am Eintreffen. Es versteht sich, daß ebendiese Klarheit sogleich zum Problem wird, wenn man sich die praktische Anwendung des Kriteriums vorstellt. Deutlich ist die darin ausgedrückte Reserve gegenüber der Unheilsprophetie (der Unheilsprophet muß sich – darauf verweist Hoßfeldt a. a. O. – nun vor allem rechtfertigen, während nach Jer 28 noch der Heilsprophet die Beweislast trug). Ein weiteres Problem ist das der »Selffulfilling Prophecy«, ein drittes ist eben das *Jonaproblem.*

Die Skepsis gegenüber Divinationsformen überhaupt, die aus Dtn 18, 9 ff. spricht, setzt sich auch in der Ergänzung in V. 21 f. fort. Chance auf Anerkennung hat vor allem der Prophet, der sagt, was nicht der zukünftigen Verifikation bedarf. Umso mehr bedarf ein solcher Prophet der Legiti-

lich ein SICHERER MASSSTAB formuliert:

»Aber der Prophet, der vorgibt, in meinem Namen zu reden, was ich
ihm nicht geboten habe zu reden, oder der, der im Namen anderer
Götter redet: ein solcher Prophet soll sterben. Wenn du dich aber
fragst: Wie sollen wir erkennen, welches Wort JHWH nicht geredet
hat? Wenn ein Prophet im Namen JHWHs redet, und es trifft nicht
ein, so ist es ein Wort, das JHWH nicht geredet hat. Anmaßend hat es
der Prophet selbst geredet; vor ihm fürchte dich nicht!« (Dtn 18,
20—22)

In Ez 18 aber (dem Kapitel der hebräischen Bibel, in dem es wie in
kaum einem anderen darum geht, wie aus der Einsicht in den zum
Verhängnis erstarrten generationsübergreifenden und lähmenden
Zusammenhang von Tun und Ergehen wieder »PRAXIS« werden
kann) stehen ganz andere Worte:

»Habe ich etwa Gefallen am Tod des Gottlosen, spricht der Herr
JHWH. Und nicht vielmehr daran, daß er von seinem Wege umkehrt
und leben bleibt.« (v. 23)

Zum offenen Widerspruch wird die Spannung zwischen diesen Sätzen, wenn einzig ein Wort, das die Möglichkeit des Lebens *nicht*
mehr läßt, noch zur Umkehr führen kann. Damit wird aber das
Wort durch seine Wirkung zu einem, das *nicht* eintrifft. Das ist der
Widerspruch, dem sich Jona nur durch Flucht entziehen kann. Die

---

mation eines Amtes. Die ordentliche Sukzession wird wichtiger als die
prophetische Durchbrechung der Sehgewohnheiten.

PRAXIS zu ermöglichen, ein handelndes Subjekt zu konstituieren, ist die
Intention von Ez 18. Dieses Kapitel kontextueller Theologie ist durch die
Modifikation des für die alttestamentliche Ethik leitenden Tun-Ergehen-
Zusammenhangs gekennzeichnet. Der vorgegebenen Form der Relation
zwischen dem Handeln und dem Geschick, die als generationsübergreifen-
der Zusammenhang gedacht wird (von daher das Sprichwort, von dem her
und gegen das Ez 18 formuliert ist: »Die Väter haben saure Trauben geges-

sen, und den Söhnen sind davon die Zähne stumpf geworden«, vgl. auch Jer 31, 29), setzt Ez 18 einen zugespitzten individuellen Zusammenhang von Tun und Ergehen entgegen. Im Lebensweg *(däräk)* jedes einzelnen Menschen soll das Geschick der Lebenspraxis (das Ergehen der Ethik) entsprechen. Die Modifikation des Tun-Ergehen-Zusammenhangs erfolgt in einer Zeit, in der die Auffassung vom Tun-Ergehen-Zusammenhang selbst zu einer Bedeutung gelangt war, die weit über die Begründung individueller Ethik hinaus in die »Geschichtstheorie« reichte. Um diese Entwicklung und damit den Kontext von Ez 18 zu erfassen, sollte man sich die Bedeutung der Auffassung vom Tun-Ergehen-Zusammenhang für die alttestamentliche Ethik deutlich machen: Daß die Geschichte eines Menschen die Folge seines eigenen Handelns sei, ist von vornherein ebenso der Ausdruck einer Erfahrung wie der einer Hoffnung. Die Hoffnung geht darauf, daß auf gutes Tun gutes Ergehen folgen möge, m. a. W. daß ein redlich und solidarisch handelnder Mensch ein gutes Leben haben möge, aber auch darauf, daß der Übeltäter von den Folgen seiner bösen Taten eingeholt werden möge. Der Zusammenhang von Tat und Tatfolge ist im Hebräischen so eng gedacht, daß er über einen kausalen oder konsekutiven Konnex hinaus geradezu identifikatorisch wird. Hebräische Worte z. B. für Sünde, Schuld bezeichnen zugleich die *Folge* der Schuld, so daß (z. B. bei dem Wort *'awon*) sprachlich nicht zwischen »Schuld« und »Strafe« unterschieden werden kann. Die Lehre vom Tun-Ergehen-Zusammenhang bezeichnet in sich selbst die Spannung zwischen Empirie und Utopie. Daß gutes Ergehen gutem Tun folge und ein böses Handeln ein böses Geschick des Übeltäters nach sich ziehe, daß, wie es in Prov 28,27, vgl. 28,10; Koh 10,8, ausgedrückt ist, wer (anderen) eine Grube grabe, (selbst) hineinfalle, stimmt bekanntlich nicht immer. Auf die Ebene der Geschichtsphilosophie gewendet, ist der Satz, daß der Mörder nicht über das unschuldige Opfer triumphiere (vgl. M. Horkheimer, *Die Sehnsucht nach dem ganz Anderen,* Hamburg 1970, S. 62), vollends ein Satz der Hoffnung. Daß diese Hoffnung schon im Bereich individueller Ethik nicht sogleich an der Erfahrung zerbrach, lag in der vorexilischen israelitischen Weisheit am Generationszusammenhang, in dem sie gedacht wurde. Nicht sogleich, nicht in einem individuellen Leben muß sich die Relation von Tun und Ergehen auswirken, wohl aber wird sich die Geltung des Tun-Ergehen-Zusammenhangs im Verlaufe mehrerer Generationen erweisen. Diese Dimension entschärft die Rechenschaftspflichtigkeit der Theorie vor der Empirie. Denn ein unverdientes Leiden, ein böses Geschick kann ebenso sehr die Folge der Fehlschritte der Vorfahren sein, wie sich das eigene gute Tun dereinst im Glück der Nachkommen realisieren werde. Es war dieser generationsübergreifend gedachte Tun-Ergehen-Zusammenhang, der in der Exilszeit Israels zur Grundlage der theologischen Verarbeitung der politischen Katastrophe wurde. Denn man konnte mit seiner Hilfe den Zusammenbruch des Staates, der Stadt und des Tempels als Realisierung der Übeltaten von

Zweideutigkeit zerreißt ihn, denn sie vernichtet die Rolle des Propheten und die Rolle Gottes, in dessen Namen er redet. Die nichtgehörte Wahrheit der Kassandra ließ ihr wenigstens die Rolle, während Jona zum Narren gehalten wird. Gegen die einsame Würde der Kassandra (die Jona im Todeswunsch »nachzuahmen« sucht) ist ihm zugemutet, der Dumme zu sein, sich ins Unrecht setzen zu lassen, um anderen zum Leben zu verhelfen – ohne daß ein Zweck je offenbar werden kann, würde doch, zum Mittel instrumentalisiert, die Ansage des Unheils rasch durchschaut. So muß Jona so sehr und so konsequent ein Narr sein, daß er *selbst* glauben muß, daß unabänderlich sei, was er sagt, und *zugleich,* daß es (vielleicht, und wenn doch noch, dann nur gegen die Gewißheit) *nicht sein*

Generationen zuvor verstehen. Die Taten der Könige seit Salomos Tagen hatten sich aufgetürmt zu einer Sündenmasse, die sich an der Generation des Untergangs auswirkte. In dem Maße aber, in dem diese Theorie half, das Geschehen zu *verstehen,* führte es zur *Erstarrung.* Die in Ez 18,2 zitierte »Moral« (»Die Väter haben saure Trauben gegessen, und den Söhnen sind davon die Zähne stumpf geworden«) macht das Geschehen verständlich und zugleich die eigene Praxis unmöglich. Die Generation der »Ausbadenden« kann kaum die kollektiver Praxis sein. Das ist der Kontext der Argumentation von Ez 18, in der der Tun-Ergehen-Zusammenhang individualisiert (und damit verschärft) wird. Der Spruch von den Vätern und den Söhnen soll, so Ezechiel, nicht mehr gelten. Vielmehr sollen im Leben des einzelnen Tun und Ergehen einander entsprechen. Böses Ergehen soll es nur als Folge des eigenen bösen Tuns geben, zudem soll – bis zuletzt – die Möglichkeit der Umkehr bleiben. Diese Individualisierung des Tun-Ergehen-Zusammenhangs löst die Erstarrung, in die die gefallen waren, die die Geschichte nurmehr als zusammengeballten Verhängniszusammenhang begreifen konnten. Die Absage an den generationsübergreifenden Tun-Ergehen-Zusammenhang soll Praxis, eigenes Tun, eigene Verantwortlichkeit (wieder) ermöglichen. Der einzelne Mensch wird als Subjekt von Ethik (und Politik) konstituiert. Das 18. Kapitel des Ezechielbuches kann man deshalb (mit J. Taubes, *Zur Konjunktur des Polytheismus,* in: K. H. Bohrer, Hg., *Mythos und Moderne,* Frankfurt a. M. 1983, S. 462) als »ein Zeugnis ersten Ranges zur Urgeschichte der Subjektivität« bezeichnen. Doch ebenso kontextuell wie die Entstehung ist die Geltung dieses Zeugnisses. Auch diese Emanzipation schlägt in Ideologie, auch diese Befreiung in Gewalt um, auch diese »Lösung« gerät zur neuen Erstarrung. Denn eben die Individualisierung des Tun-Ergehen-Zusammenhangs konstituiert (nunmehr ohne den entschärfenden Generationszusammenhang) das Postulat der Stimmigkeit zwischen der Praxis und dem Geschick eines Menschen schärfer als je zuvor. Die Spannung zwischen Empirie und Hoffnung wird zum Widerspruch zwischen Theorie und Realität. Es ist der ezechielisch individualisierte Tun-Ergehen-Zusammenhang, der im Munde der Freunde Hiobs (denen zufolge übel gehandelt haben *muß*, wem so Übles widerfährt) zur neuen Gewalt wird, zuletzt zum »Trug für Gott« (Hi 13,7). (Zum Tun-Ergehen-Zusammenhang, seiner Entwicklung in der Exilszeit, zu Ez 18 im besonderen und zur Auseinandersetzung mit Taubes vgl. K. Koch, (Hg.), *Um das Prinzip der Vergeltung in Religion und Recht des Alten Testaments*, WdF 125, Darmstadt 1972; V. Maag, *Hiob*, FRLANT 128, Göttingen 1982, bes. S. 70, 131 ff.; K. Koch, *Profeten 2*, Stuttgart 1980, S. 110 ff.; Verf., *Babel und Bibel*, in: *Die Restauration der Götter*, hg. v. R. Faber u. R. Schlesier, Würzburg 1986, S. 42; ders., *Hiob, Hiobbuch*, TRE XV, bes. S. 366 f.)

Bis zu dem Maße ist in Ez 18 die Praxismöglichkeit des (einzelnen) Menschen proklamiert, daß selbst Gottes Verhalten wie ein notwendiger Reflex auf das Tun des Menschen erscheint. Wie nach Jona 3 Gottes Umkehr durch die Umkehr der Niniviten bewirkt wird, erscheint Jahwä in Ez 18 als Gott, der nur zu gern auf die Reue (die Umkehr) des Frevlers mit Rettung antwortet, indem er ihn leben läßt, und der geradezu gegen die eigene Intention den Frevler, der nicht umkehrt, töten – muß. Weitestmöglich zugespitzt erscheint hier Gottes Option für das Leben. Doch auch diese Zuspitzung bleibt ambivalent. Gottes Option für das Leben ist *so* betont, daß nun der Tod eines Unschuldigen mit Notwendigkeit zur Theodizeefrage werden muß. Abermals gerät die Theologie von Ez 18 gerade als Rede von einem Gott, der Leben will, in Konflikt mit der Empirie. Abermals scheint die Hiobfrage auf, vor allem die Position der Freunde Hiobs, die nicht zulassen dürfen, daß sein könne, was nicht sein dürfe. Aufs ganze gesehen wird diese Theologie vom Gott, der nichts als Leben will, zum ersten Schritt zur »Theologie« vom Todes Gottes – denn zuletzt kann nur noch die Nichtexistenz einen solchen Gott davor retten, immer wieder von der Empirie blamiert zu werden. Doch wie das Hiobbuch fordert auch Ez 18 (und mit diesem Kapitel zugleich Jonas Protest gegen ein Handeln Gottes nach dem Modell von Ez 18) keine »bessere« Theologie, sondern die Wahrnehmung der Grenze jeder Theo*logie*.

Zur ROLLE DES NARREN s. H.-E. Bahr, *Ins Angesicht widerstehen*, in: J. Moltmann (Hg.) *Annahme und Widerstand*, München 1984, bes. S. 107 ff.

Im Blick auf Jona wäre es eine Narrenrolle, die man nicht selbst gewählt hat, in die man vielmehr gestoßen wurde und die man einzunehmen hat. Die Jonaerzählung lehre uns, so Luther (*Jonaauslegung*, hg. v. G. Krause s. o. S. 63, S. 47) »daß wir schnell Gottes Befehl befolgen sollen und auf

muß. Welche Haltung kann Jona »heute« einnehmen angesichts der voraussehbaren, der zuverlässig ansagbaren Katastrophen, der globalen Vernichtungen, wenn die Nachrichten eintreffen, daß die Katastrophen *gerade noch einmal* ausgeblieben sind, daß sie *gerade noch einmal* territorial begrenzt geblieben sind, daß »die Bombe« *gerade noch einmal* nicht gefallen ist?

Der Anachronismus läßt an dieser Stelle explizit werden, was in der Erinnerung an Jona und Kassandra heute aufblitzt. Angesichts der drohenden atomaren Katastrophe bleibt nicht einmal mehr die nüchterne Hoffnung Kassandras, daß nicht alle Städte der Welt zerstört sein werden. Verwehrt ist uns deshalb die einsame Würde, wenn sie denn ihre Berechtigung nicht stoisch in sich haben soll, sondern als Element jenes Erinnerungsrinnsals gegen den Strom der Gewalt, auf das die Kassandra-Erzählerin mit »ihrer« und gegen »ihre« Kassandra setzt: Erinnerung für spätere glücklichere Menschen. Wir müssen wie Jona *dieses* Unheil ansagen, allein, um *dieses* Unheil abzuwenden. Die Zumutung an Jona hieße heute deshalb auch, nicht zu grollen, wenn die Optimisten, die unvergällt reden können, weil ihnen die »schwarze Galle«, die Melancholie, abgeht, die gerade noch einmal vermiedenen, wenigstens verschobenen Katastrophen auftrumpfend noch als ihren Erfolg ausgeben. Jona müßte bereit sein, die ROLLE DES NARREN zu spielen, sich höhnisch vorhalten zu lassen: Siehst du, es ist ja alles nicht so schlimm, wie du behauptest!, sich als Nörgler, Schwarzseher, Nestbeschmutzer, Spinner denunzieren zu lassen, ja, Unrecht bekommen zu *wollen*, nichts sehnlicher zu wünschen, als daß noch wendbar wäre, was er nur als unwendbar erkennen kann.

---

nichts anderes sehen, noch erst fragen, wie es mit anderen Sachen übereinstimmt, sondern gerne und willig um Gottes willen Narren werden...«. Auch ein Jona, der seinen Unterschied zu Kassandra begriffen hätte, bliebe einer, an den (Jona 1,1) das Wort JHWHs erging, bliebe einer, der es nicht aus Einsicht in die Chance der Marginalität *vorgezogen* hätte, ein Narr zu werden. (Es sei denn so, wie Robert Walser über Hölderlin und sich selbst formulierte, sie hätten es vorgezogen, ins Irrenhaus zu gehen...) Eine selbstgewählte Narrenrolle könnte sich demgegenüber als ein vergleichsweise bequemer Eskapismus erweisen für den, der die Anstrengungen anderer Fluchten scheut. Die Narrenrolle eines Jona, der seinen Unterschied zu Kassandra begriffen hätte, und *deshalb* Narr wäre, käme Gestalten wie Don Quixote oder Schlemihl nahe, ihr Ziel wäre intentionslose Praxis...

Die Weise, in der JONAS FLUCHT als Weg hinab erzählt wird, erinnert an eine andere biblische Fluchtgeschichte, an Elias Weg in die Wüste (1 Kön 19).

»Und Ahab erzählte der Isebel alles, was Elia getan und wie er alle Propheten mit dem Schwert getötet hatte. Da sandte Isebel einen Boten an Elia und ließ ihm sagen: Bist du Elia, so bin ich Isebel! Die Götter sollen mir dies und das antun, wenn ich nicht morgen um diese Zeit dir antue, wie du ihnen angetan hast.

Da fürchtete er sich, machte sich auf und ging fort, sein Leben zu retten. Als er nach Beerscheba in Juda kam, ließ er seinen Diener dort; er selbst aber ging in die Wüste, eine Tagesreise weit. Als er dorthin gekommen war, setzte er sich unter einen Ginsterstrauch. Da wünschte er sich den Tod und sprach: ›Es ist genug! So nimm nun, JHWH, meine Lebenskraft hin, denn ich bin nicht besser als meine Väter.‹ Dann legte er sich unter dem Ginsterstrauch schlafen. Auf einmal aber berührte ihn ein Engel und sprach zu ihm: ›Steh auf und iß!‹ Als er sich umschaute, da fand sich über seinem Kopf ein geröstetes Brot mit einem Krug Wasser. Da aß er und trank und legte sich wieder schlafen.

Und der Engel (Bote) JHWHs kam zum zweitenmal, berührte ihn und sprach: ›Steh auf und iß! Sonst ist der Weg für dich zu weit.‹ Da stand er auf, aß und trank und wanderte dann mit der Kraft dieser Speise vierzig Tage und vierzig Nächte bis an den Gottesberg Horeb.

Dort ging er in eine Höhle hinein und blieb darin übernacht. Siehe, da erging an ihn das Wort: ›Was tust du hier, Elia?‹ Er antwortete: ›Geeifert habe ich für JHWH, den Gott der Heerscharen! Denn Israel hat dich verlassen; deine Altäre haben sie niedergerissen und deine Propheten mit dem Schwert getötet. Ich allein bin übriggeblieben, und sie trachten danach, mir das Leben zu nehmen.‹

Er aber sprach: ›Geh hinaus und tritt auf den Berg vor JHWH!‹ Siehe, da ging JHWH vorüber: ein großer, gewaltiger Sturm, der Berge zerriß und Felsen zerbrach, kam vor JHWH her; aber JHWH war nicht im Sturm. Nach dem Sturm ein Erdbeben, aber JHWH war nicht im Erdbeben. Nach dem Erdbeben ein Feuer; aber JHWH war nicht im Feuer. Nach dem Feuer das Flüstern eines leisen Wehens. Als Elia das hörte, verhüllte er sein Angesicht mit dem Mantel, ging hinaus und trat an den Eingang der Höhle.«
(1 Kön 19, 1–13)

Zwischen den gewaltigen religiös-politischen Kämpfen des Elia (zwischen dem Kampf mit den Baalpriestern auf dem Karmel, Kap. 18, und den Auseinandersetzungen um Nabots Weinberg, Kap. 21, finden wir in Kap. 19

IV

»How many times must a man look up
Before he can see the sky
How many ears must one man have
Before he can hear people cry
...
The answer, my friend, is blowing in the wind
The answer is blowing in the wind.«

(Bob Dylan)

Für Jona ist die Zumutung der Zweideutigkeit so groß, daß er nach
der einzig eindeutigen Lösung verlangt: er flieht und sucht den
Tod. Das Jonabuch schildert die Gefühle Jonas nicht, gibt kein
Psychogramm. Doch in der Art, wie die hebräische Bibel erzählt,
zeigt sie mit dem Ablauf die Innenseite. Man höre nur einmal die
Reihe der Verben, mit denen JONAS FLUCHT beschrieben wird:

---

einen müden, resignierten, geradezu depressiven Elia. Der große Kämpfer
ist verzagt, er flieht. Israels Helden sind allemal beschädigte. Man denke an
Jakob, an Mose, an David, an Jeremia – auch darin ist die hebräische Bibel
ein menschliches Buch. Neben den Erzählungen von den Taten jener großen Gestalten Israels stehen solche, die die Innenseite beleuchten, die Ängste, Verzweiflungen, Anfechtungen. Auch die Anfechtungen Jesu gehören
zu dieser biblischen Dimension. Die Bibel erzählt, wenn sie von ihren großen Gestalten erzählt, auch von ihren Schwächen. 1 Kön 19 enthält kein
beschreibendes Psychogramm des Elia, vielmehr wird *erzählt*. Doch im
Erzählen zeigt sich auch die Innenseite. Die Reihe der Verben in Vers
3–5 a entwirft ein Bild dieses Elia. Wenn wir einmal die Verben dieser
Verse zueinanderstellen, so ergibt sich folgende Reihe: er fürchtete sich –
er stand auf – er kam an – er ließ zurück – er ging – er kam an – er
setzte sich – er wollte sterben – er sprach (»genug!«...«) – er legte sich
hin – er schlief. Die Reihe dieser Verben erinnert an den Anfang des Jonabuches; wie im Jonabuch wird auch hier ein Hinabgehen, eine Regression
beschrieben. Die Handlungsverben bezeichnen einen Weg, eine Flucht –
zuletzt die Flucht vor dem Leben. Ein einziger Satz des Elia unterbricht

die Schilderung der Fluchtbewegung und interpretiert sie: »genug jetzt, JHWH, nimm meine Lebenskraft, ja, ich bin (auch) nicht besser als meine Väter!« (4). Der hohe Anspruch ist umgeschlagen in das Gefühl des Versagens, in Depression. Der Grund der Depression wird hier beschrieben als das Auseinanderfallen zwischen der Realität und der Erwartung, die Elia an sich selbst richtet. Solche Erwartungen, nicht nur die von anderen zugeschriebenen Rollen, sondern auch und gerade das, was wir von uns selbst erwarten, kann uns als Gewalt gegenübertreten. Hier liegt eine bestimmte Form der Erwartung zugrunde. »Ich bin auch nicht besser als meine Väter« – Elia meinte, besser sein zu müssen als seine Väter, er meinte, endlich das schaffen zu müssen, was die Generationen vor ihm immer nicht geschafft haben. Im Falle des Elia mag die Verfehlung der Väter ihre Schwäche gewesen sein; sie hatten sich nicht deutlich genug gegen die fremden Götter abgegrenzt, sie hatten den rechten Glauben nicht konsequent genug vertreten. Vielleicht denkt Elia auch daran, daß er der Verfolgung durch die Herrschenden keinen Widerstand, sondern nur Flucht entgegenzusetzen hat. Wir sind auch nicht besser als unsere Väter – ich vermute, daß ein solches Gefühl gerade für die Nachkriegsgenerationen in Deutschland nicht unbekannt ist. Die Vorwürfe an die Väter kehren sich uns um zur unerbittlichen Norm, vor der wir selbst immerzu versagen. Auf keinen Fall wollen wir wie sie den Widerstand versäumen, auf keinen Fall wollen wir wie sie schweigen, auf keinen Fall wollen wir wie sie mitmachen – und ständig ertappen wir uns selbst beim Verzicht auf Widerstand, beim Schweigen, beim Mitmachen. Wir sind auch nicht besser als unsere Väter – die Erkenntnis schlägt um in Aggression gegen uns selbst. Aber kann emanzipatorisches Tun aus schlechtem Gewissen entspringen? Führen Selbstbezichtigungen zu etwas anderem als zur Zerstörung? Wie wäre diesen Folgen zu begegnen, wenn nicht Resignation, Anpassung oder Zynismus die Alternative sein soll? Die Eliageschichte in 1 Kön 19 gibt uns einige Hinweise. Folgen wir ihr weiter an der Stelle, an der von Elias tiefster Verzagtheit die Rede ist. Nach dem Spruch: »Ich bin auch nicht besser als meine Väter« die weitere Folge der regressiven Verben: er legte sich hin – er schlief.

Doch da! Ein Bote (ein Engel) JHWHs rührt ihn an und spricht zu ihm. Und nun wird nicht gerechtet, nicht gescholten, nicht ermahnt, nicht mit Worten getröstet, nicht diskutiert: Der Zuspruch gegenüber dem Verzweifelten, dem Resignierten, dem Depressiven geschieht sinnlich, er bezeichnet das Elementarste: »Steh auf und iß!«.

Folgen wir weiter den Verben der Erzählung: er bemerkte – er aß – er trank – er legte sich hin – er schlief (V. 6). Wieder Ruhe und Schlaf, doch spüren wir bereits, daß dieser Schlaf ein anderer ist als der im vorangehenden Vers genannte.

Erneut tritt der Bote auf: »Steh auf und iß« und nun: er stand auf – er aß – er trank – er ging (mit der Kraft der Speise). Man könnte erwarten,

Er ging hinunter — er bezahlte — er stieg hinein — er war ins unterste Deck hinabgestiegen — er hatte sich hingelegt — er war eingeschlafen. Die Richtung heißt: *down!* Lieber will er nicht am Leben bleiben als Untergang oder Umkehr Ninives zu sehen — nicht, weil

daß Elia die Kraft bekommen soll, den Rückweg ins Leben anzutreten, sich den Auseinandersetzungen und Konflikten wieder zu stellen. Umso erstaunlicher ist es, daß der Weg, den Elia »mit der Kraft der Speise« nun gehen kann, ein Weg weiter in die Wüste *hinein* ist. Auch dieser Zug der Erzählung entspringt »psychologischer« (avant la lettre) Erfahrung. Von der Depression kann kaum geheilt werden, wer den Weg hinab vorzeitig abbricht. Die individuelle Seite ist überdies mit der Geschichte des Volkes verbunden. Elias Weg führt in die Wüste hinein und zugleich in die Geschichte Israels zurück bis an den Gottesberg. Vom Ort des »Ursprungs« kann er — endlich — dem Weg hinab entspringen. Am Gottesberg »wiederholt« sich für Elia der Empfang einer Tora — einer *Weisung*, die (wie die *verstandene* Tora) nicht »Gesetz«, nicht »Moral«, nicht »Über-Ich«, sondern Wegweisung (und Wegzehrung) ist.

Von Elia handelt die Erzählung, sie steht in einem konkreten historischen Kontext. Und doch ist es eine über jenen Elia hinausweisende Erzählung. Sie erzählt, wie einer wieder aufrecht gehen lernte. Der aufrechte Gang wurde zuvor verhindert von einem Über-Ich, von den internalisierten Rollen, von einer Gewalt eines selbst auferlegten Sollens. Die Instanz, der gegenüber Elia jenes Sollen verantworten zu müssen meinte, JHWH, vertreten durch seinen Boten (seinen Engel), hatte eben nicht das gefordert, was Elia von sich fordert. Statt der Ermahnung, statt eines: Nun reiß dich doch zusammen! folgte der elementare Zuspruch: steh auf und iß! Die Geschichte geht weiter. Die folgende »Passage« ist ebenso eine Fortsetzung wie eine erneute Erzählung zum selben Thema. Der Bote Gottes begegnete dem Elia seiner Situation gemäß. Wie wird Gott ihm begegnen? Die Theophanie zeigt, daß JHWHs Erscheinung nicht unabhängig ist von der Weise, in der der geflüchtete, verzagte Mensch ihn sehen kann. JHWH ist *nicht* im Sturm — und doch ist es der Gott, der auch im Sturm erscheinen kann —, JHWH ist *nicht* im Erdbeben, *nicht* im Feuer — und doch ist es derselbe Gott, der im Erdbeben und im Feuer erscheinen kann. Elia nimmt ihn wahr als »Stimme eines dünnen Wehens« (Luther: »ein still sanfftes Sausen«). Hier ist ein Blick auf die hebräischen Worte aufschlußreich: *qōl dᵉmāmā daqqā*. Die hinter dem Wort *dᵉmāmā* steckende Wurzel *dmm* verweist auf eine Ruhe nach dem Sturm (in der Theophanie ebenso wie für Elia nach dem Wüten). Diese Ruhe ist nicht die Alternative zum Handeln, nicht das Gegenstück zur machtvollen Aktion, sondern deren Ergänzung und, wie der Fortgang des Kapitels zeigt, der mögliche Beginn neuen Handelns. Und das Wort *daqqā*, etwa: dünn, fein, abgemagert (wie die Kühe in einem Traum Pharaos in der Josefsgeschichte), zeigt noch einmal den Zusammenhang zwischen der Erscheinung Gottes und der Lage des Elia. Elia sieht Gott, wie er ihn in dieser Situation einzig zu sehen, zu ertragen vermag. Dünn und abgemagert — eben so kann man die Lage des Elia beschreiben. Darin erweist sich die Geschichte in 1 Kön 19 als eine, die von der Solidarität Gottes gerade mit dem Schwachen, dem Verzagten, dem Versagenden handelt. Doch darf diese Beobachtung nicht zu einer neuen Definition Gottes führen, er ist auf die »Stimme eines dünnen Wehens« ebenso wenig festgelegt, wie auf Sturm, Erdbeben und Feuer. Gott erscheint dem Elia so, wie er ihn einzig sehen kann.

Das Kapitel ist damit aber noch nicht abgeschlossen. Es folgt ein neuer Auftrag an Elia, ein Auftrag zum politischen Handeln. Jetzt kann dieser Auftrag ergehen, jetzt kann Elia ihn akzeptieren. Weil ihm der Bote Gottes keine Vorhaltungen gemacht hatte und weil JHWH selbst ihm nicht als Über-Ich, sondern als Du erscheint, kann Elia nun wieder handeln. Er muß nicht besser sein als seine Väter, aber er soll etwas tun. Die Alternative zwischen Allmacht und Ohnmacht gilt nicht! Die Befreiung von dem Wahn, alles zu können, und die Befreiung von dem Wahn, alles tun zu müssen, ist eine Befreiung von Gewalt. Aus dieser Gewalt auszuziehen, bedeutet fähig zu werden zum Handeln. So erzählt 1 Kön 19, wie einer wieder zu gehen und wieder zu handeln lernte. Wenn diese »Aggada« eine »Halacha« enthielte, so wäre die Lehre nicht: Du mußt dich so verhalten wie Elia. Vielmehr könnte sie heißen: wenn du dich erdrückt fühlst von dem, was du dir selbst auferlegt hast, wenn du daran verzweifelst, nicht die Rolle spielen zu können, die du selber dir geschrieben hast, dann projiziere die Gewalt, die du dir selbst antust, nicht auf andere. — Und für den, der helfen will, enthält die Geschichte einen anderen Rat: Es gibt Situationen, in denen kluge Analysen, beste Ratschläge, gut gemeinte Ermahnungen nicht gehört werden können. Versuch es in solchem Fall einmal mit einem elementaren Satz, z. B.: Steh auf und iß mal was!

Von den Fluchtbewegungen in Jona 1 und 1 Kön 19 her möchte ich noch einmal das Augenmerk auf die Bewegungen im Jonabuch richten. Denn von einer Bewegung, wie sie in Kap. 1 f. als Weg hinab erzählt ist, ist — parallel und entgegengesetzt — auch in 3 f. die Rede. Jonas Bewegung, die ihn zugleich hinab und weg von JHWH führt (ungeachtet dessen, daß er meint, gerade im Bauch des Fisches JHWH nahe und mit ihm im reinen zu sein), entfernt ihn von Gott und den Menschen. Die solidarisch handelnden Seeleute bleiben »oben« zurück. In Ninive wiederholt sich die Bewegung mit umgekehrtem Vorzeichen. *Hinab* steigt der König von seinem Thron, hinab steigen die Großen der Stadt, ihre Umkehr ist ein Weg

er als exklusiv denkender Israelit nicht die Bekehrung der »Heiden« sehen wollte, sondern weil der Ausgang so oder so den Propheten und seinen Gott in tiefste Zweideutigkeit stürzen muß, weil so oder so VERRAT geübt werden muß – entweder an der Wahrheit oder am Leben. Jonas Kraft, sich dieser Zweideutigkeit entgegenzustellen, noch seinen Tod gegen sie aufbieten zu wollen, ist die Kraft der Moral. JONA IST *DER* MORALIST. Die Moral aber lebt vom Bedürfnis nach Stimmigkeit; die Stimmigkeit ist dem Mo-

---

nach unten. Die Hierarchie wird nivelliert, alle Großen werden den Kleinsten, den Tieren gleich; die Buß- und Umkehrriten sind als Trauerriten Bewegungen nach unten. Wo aber das große Ninive klein wird, da geht Jona seinen Sonderweg. Wo alles hinabsteigt, steigt er hinauf auf seinen Beobachtungsstandort »östlich der Stadt« (einsam wie Kain »östlich von Eden«, Gen 4,16).

In Kap. 1 geht Jona weg von JHWH, d. h. konkret: in die Ninive entgegengesetzte Richtung. Weg von JHWH und weg von Ninive meint die gleiche Richtung. In Kap. 3 f. sehen wir JHWH abermals mit Ninives Bewegungen verbunden – verbunden durch die Umkehr, die Ninive vollzieht (*weĵāšūbū*, 3,8; *šābū*, 3,10) und von (dem) Gott erhofft (*jāšūb*, 3,9). Jona aber setzt sich nieder (*wajješäb*, 4,5). In der phonetischen Nähe und der semantischen Differenz zwischen den Verbformen der Wurzeln *šwb* und *jšb* (umkehren und sich niedersetzen) ist die Ankündigung der Solidarität in ähnlicher Weise abgebildet wie in 1,2 f., wo es nach dem Auftrag JHWHs an Jona »*qum lek*« (»mach dich auf, geh!«) weitergeht, wie wenn Jona der Weisung selbstverständlich folgte: »*wajjāwåm*« (»und es machte sich auf [Jona]«), um dann ins Gegenteil einzumünden: »...*libroᵃḥ*« (»um zu fliehen...«).

»VERRAT« ist neben »Zweideutigkeit« das zweite entscheidende Stichwort in K. Heinrichs Parmenides-Jona-Konfiguration, s. bes. S. 117 ff.

JONA IST *DER* MORALIST. Deshalb würde sich womöglich ein Bloch'scher Jona, der seinen Unterschied zu Kassandra begriffen hätte, in einem wichtigen Punkt nicht sehr vom nichtbegreifenden biblischen Jona unterscheiden. Wenn der erste Schritt der zur *moralischen* Umkehr ist, dann bliebe die Deutung hinter dem Problem von Jona 4 zurück. Jona-Kritik ist deshalb immer auch Moral-Kritik, Kritik daran, daß die Unterscheidung von Guten und Bösen verschlägt, daran, daß Rettung und Gewalt zu trennen, daß Fortschritt und Barbarei zu unterscheiden sind – und damit *auch* Bloch-Kritik.

Blochs Sicht von Moral und Wahrheit ist Anlaß, in einer weiteren Knüpfung nach dem im Bibeltext *ersten* »Fall« des Problems »wahrer und falscher Prophetie« zu fragen.

Gen 3, 1–6 *oder* über die Kunst, richtig zu lügen

> Schüler liest:
> Eritis sicut Deus scientes bonum et malum
> Mephistopheles:
> Folg' nur dem alten Spruch und meiner Muhme der Schlange
> Dir wird gewiß einmal bei deiner Gottähnlichkeit bange!
> *Faust I*, 2048 ff.

Der Pakt mit dem Teufel hat nicht darin seinen Haken, daß der Teufel betrügt, sondern im Gegenteil darin, daß er sich ganz genau an die Verabredung hält. Tödlich ist des Teufels Logik. Zuweilen gelingt es im Märchen, dem Teufel seinerseits ein Schnippchen zu schlagen, ihn mit seinen eigenen Waffen zu bekämpfen, ihn in den Fußangeln des »Kleingedruckten« im Vertrag zu fangen. Aber den Teufel der Lüge zu bezichtigen, das ist so ähnlich, als würde man Abschreckungspolitikern vorwerfen, sie hätten nicht deutlich gesagt, was das unvermeidliche dicke Ende ihrer mit Morddrohung erkauften Sicherheit ist. ?!? – ? ... !!

Also ist es *doch* eine komplizierte Sache mit der Lüge der alten Muhme aller Teufel und Unterteufel. Denn es gibt Lügen, die aus lauter richtigen Sätzen bestehen. Die Unwahrheit kann womöglich gesagt haben, wer genau vorhersagt, was eintrifft. Wir bleiben deshalb im Zusammenhang des Jonabuches, der Frage nach wahrer und falscher Prophetie, für die die »alte Muhme« eine Art »Vorspann« ist. Nebenbei: Der alte Oheim wäre richtiger gewesen; auch Goethe, der, wie sich noch zeigen wird, den biblischen Text besser verstanden hat als Kant, Schiller – und Bloch zusammen, hat aus *dem naḥāš* – im Hebräischen ein Maskulinum! – *die* Dame Schlange gemacht. Über die Folgen dieser Rezeption wäre manches zu sagen: Aus der Schlange, die mit Eva redet, wird die Schlange, die wie Eva aussieht, zu sehen an Paradies- und Sündenfallbildern (man betrachte z. B. die Darstellung von Masolino da Panicale in S. Maria del Carmine in Florenz oder das Paradies-Bild eines flämischen Malers der van der-Goes-Schule aus dem W. Hack Museum in Ludwigshafen, das – Konnotationsknäuel! – eben *dem* Museum als Werbe- und Plakatbild dient, das zu Blochs 100. Geburtstag eine große Apokalypseausstellung durchführte), schließlich Eva, die falsche Schlange, selbst...

Ernst Bloch, *Atheismus im Christentum*, GA 14, S. 116 ff., handelt ein erstes Mal über die Schlange unter der Überschrift *Ältere Bilder aus Ausbruch*. *Der Schlange erste Betrachtung* (eine zweite Betrachtung später über die Ophiten, S. 231 ff.). Bei Bloch hat nun die Schlange auch Teuflisches, sie ist jedoch viel mehr Rebellin, erstes Bild des Widerstands von unten:

»Gelogen hat die Schlange auch nicht, wie es doch zum listigsten aller Tiere auf dem Felde gehörte; wenigstens im wichtigsten Punkt ihres Versprechens nicht. Denn wenn sie Adam versprach, zu werden wie Gott, und Jachwe hernach den Adam sieht, so spricht er: ›Siehe, Adam ist worden wie unsereiner und weiß, was gut und böse ist.‹ (1. Mos. 3,22). Was vor allem auch ist das für eine Sünde, werden zu wollen wie Gott und wissen, was gut und böse ist? So wenig ist das selber eindeutig, ja Sünde überhaupt, daß wohl unzählige Fromme nachher eher den Nichtwillen zu werden wie Gott als Ursünde angesehen hätten, falls dieser Text das erlaubte. Und zu wissen, was gut und böse, ist das nicht ohnehin die Menschwerdung selber, heraus aus dem bloßen Garten der Tiere, zu denen Adam und Eva noch selber gehörten. Und welches Mißverhältnis zwischen der Strafe Jachwes (der Aussetzung, dem Beilhieb Tod) und einer Schuld, die schließlich dem ›Ebenbild Gottes‹, wie der Jachwist vorher sagt, doch gar keine sein kann. Es sei denn, diese Schuld kam dem Text sehr zupaß (wie allen Weißwäschern des Oben später), indem hier der erste schwarze Sündenbock gesetzt ward. Der Freiheitsglanz der Sache ist aber gerade an dieser Stelle schlecht verhehlt, der auffallendsten in dem, was unterirdische Liebe genannt werden darf. Er ist desto weniger verhehlbar, als die verbotene Frucht, die Augen öffnende, nicht als Tollkirsche wächst, sondern ausdrücklich am Baum der Erkenntnis, ›und daß er ein lustiger Baum wäre, weil er klug machte‹ (1. Mos. 3,6). Das mit der Schlange bezeichnet immer wieder in der unterirdischen Bibel die Untergrundbewegung mit dem Licht im Kopf, statt der hohlen, untertänigen Sklavenunschuld.« (Bloch, *Atheismus*, S. 116 f.).

Das Paradies als Ort der Tiere, Vertreibung aus dem Gottesgarten mithin als Akt der Menschwerdung – das ist die von Bloch aufgenommene Interpretation der Paradiesgeschichte, wie sie von den Aufklärungsphilosophen und -dichtern vorgelegt wurde. Aufklärungssprache durchzieht die Blochschen Bilder auch hier. Nicht vom Atropin der *Tollkirsche*, sondern von der Frucht des Baumes der *Erkenntnis* sind den Menschen die Augen groß geworden, und Licht im *Kopf* statt der dumpfen *Sklavenunschuld* herrscht nun. Was in theologischer Tradition als »Fall« erscheint, war idealistischer Interpretation die Menschenwerdung – felix culpa. Aus dem Tier, dem Automaten wurde der Mensch. »Aus einem Sklaven des Naturtriebes« wurde, so führt Schiller aus, »ein freihandelndes Geschöpf, aus einem Automat ein sittliches Wesen«. Schiller unterscheidet dabei zwischen dem Recht des »Volkslehrers«, der vom »Fall« spricht »und, wo es sich tun läßt, nützliche moralische Lehren daraus zieht«, und dem nicht minderen Recht des Philosophen, »der menschlichen Natur im großen zu diesem wichtigen Schritt zur Vollkommenheit Glück zu wünschen«. Was theologischer Wertung Sünde ist, ist der idealistisch-philosophischen erst die Voraussetzung von Moralität. Noch einmal Schiller: »Dieser Abfall des Menschen vom Instinkte, der das moralische Übel zwar in die Schöpfung brachte, aber nur um das moralische Gute darin möglich zu machen, ist ohne Widerspruch die glücklichste und größte Begebenheit in der Menschengeschichte; von diesem Augenblick her schreibt sich seine Freiheit, hier wurde zu seiner Moralität der erste entfernte Grundstein gelegt«. (Schiller, *Etwas über die erste Menschengesellschaft nach dem Leitfaden der mosaischen Urkunde*, SW, 1904/5, S. 26.)

Was in der kirchlichen Tradition als prae-lapsarische Unschuld gedeutet ist, ist dem bürgerlichen Philosophen bloße Triebhaftigkeit: Scham und Kleidung sind ihm Stationen auf dem aufwärtsstrebenden Weg vom Tier zum Bürger. Für Kant (*Mutmaßlicher Anfang der Menschengeschichte, Werke 11*, S. 89 ff.) zeigt sich die den Menschen gänzlich über die Tiere erhebende Vernunft vollends darin, daß sie ihn *sich*, den Menschen, als den einzigen Zweck der Natur erkennen läßt. Kant folgert daraus, daß niemals ein Mensch einen Menschen zum Mittel erniedrigen dürfe. Doch läßt der Satz, mit dem er eben diese Besonderheit des – vernünftigen, des von der Frucht vom Baum der Erkenntnis und *nicht* von der Tollkirsche, wie Bloch sagt, erhellten – Menschen dokumentiert, kaum verhüllt die Aneignungsgesellschaft und ihre Rationalität aufscheinen, in deren Zweck-Mittel-Relation auch die Zwecke der Instrumentalisierung unterliegen werden. Denn wie begründet Kant die prinzipielle Überlegenheit des Menschen gegenüber dem Tier? »Das erstemal«, so sagt Kant über den im Sündenfall aus dem Mutterschoß der Natur entlassenen Menschen, »daß er zum Schafe sagte: der Pelz, den du trägst, hat dir die Natur nicht für dich, sondern für mich gegeben, ihm ihn abzog, und sich selbst anlegte (V. 21): ward er eines Vorrechtes inne, welches er, vermöge seiner Natur, über alle Tiere hatte, die er nun nicht mehr als seine Mitgenossen an der Schöpfung, sondern als seinem Willen überlassene Mittel und Werkzeuge zu Erreichung seiner beliebigen Absichten ansah.« (S. 91) Auf der exegetischen Ebene ist eine Kleinigkeit nicht uninteressant: Kant bezieht sich hier auf Gen 3,21, ungeachtet dessen, daß nach dem biblischen Text Gott selbst dem Menschen die Fellkleidung übergibt. Der *biblische* Erzähler hat ein Motiv, das in seiner Traditionsgeschichte zu einem Kanon kultureller und zivilisatorischer Errungenschaften gehört (dazu Verf., *Philo v. Byblos*, bes. S. 287 ff.) – die Errungenschaft der Kleidung –, in einen Zug der göttlichen Fürsorge noch für den gefallenen Menschen verwandelt. In der biblischen Erzählung ist dieser Zug zugleich ein rührend-ironischer Hinweis darauf, wie unzureichend doch die Maßnahme war, die die Menschen selber trafen, indem sie sich notdürftige Kleidung aus Feigenblättern bereiteten. Der nach der Aufkündigung der Lebensregeln im Gottesgarten notwendig gewordene Schritt in die Autonomie, der ein Schritt aus dem Garten Eden heraus sein *muß*, erfolgt in der Paradiesgeschichte mit jener Kleidungsgabe Gottes, den Fellen, ohne die, so wird man sich die hinter der Erzählung stehende Vorstellung denken können, die Menschen kaum die erste Nacht der Kälte außerhalb des Gartens überlebt hätten. Die jahwistische Umdeutung einer kulturellen Errungenschaft in eine Gabe Gottes ist an dieser Stelle deshalb so bemerkenswert, weil Kant (gewiß ohne jene altorientalische Tradition der Kulturerrungenschaften zu kennen) aus seiner Intention die göttliche Gabe wieder in eine zivilisatorische Errungenschaft re-interpretiert.

Auf der in unserem Zusammenhang wichtigeren Ebene der Aufklärungsintentionen bei der Aneignung der biblischen Paradiesgeschichte ist ein anderer Zug wichtiger: Die Vernunft, das *Licht im Kopf*, realisiert sich als Ausbeutung, zunächst als Ausbeutung der Natur (hier des Schafes, das für alle Tiere und die gesamte Natur steht), später aber wird eben diese Gewalt sich als Gewalt von Menschen gegen Menschen derselben Argumente bedienen, mit der die Aufklärung die prinzipielle Überlegenheit der Menschen gegenüber der übrigen Natur begründet hat. Vernünftig: Nein, das waren die Wilden nicht, deshalb konnte der Imperialist ihnen das wahre Menschsein verweigern – und die Kirche ihnen die Taufe, die sie zu Menschen gemacht hätte –; fähig zur politischen Gestaltung der Gemeinschaft (ein weiteres Kriterium des Menschseins für Kant): Nein, das waren die Proletarier nicht – sie, die nichts als Arbeitskraft zu verkaufen hatten, was nach Kant schon nicht das volle Menschsein bedeuten kann –, deshalb konnten ihnen die Fabrikherrn die politischen Rechte verweigern. Die Argumentation Kants, die verhindern soll, daß Menschen Menschen zu Mitteln von Zwecken machen, beförderte selbst die Instrumentalisierung. Das spricht nicht gegen die Aufklärung und setzt die alten kirchlichen Dukkungslinien nicht wieder ins Recht. Von Aufklärung heute zu sprechen, heißt aber, die Dialektik der Aufklärung mit zu bedenken, ihr Umschlagen von der Erleuchtung (»Aufklärung« heißt auf englisch »enlightenment«) in Verdunkelung, von Emanzipation in Unterdrückung, von Autonomie in Instrumentalisierung. Wer, wie es Bloch tut, ohne diese Dialektik das »Licht im Kopf« gegen die alte »Sklavenunschuld« setzt, wer von der Frucht vom Baum der *Erkenntnis* so spricht, als sei ihre Wirkung nicht auch viel schrecklicher gewesen als die aller Tollkirschen und Tollkräuter, und wer deshalb in der Rede der Schlange nur Erkenntnis und nicht Tollheit, nur Licht im Kopf und nicht Verfinsterung sieht, der hat die Frage, wie es sich mit der Wahrhaftigkeit der Schlange verhält, gewiß nicht zutreffend beantwortet, geschweige denn ausreichend, wenn er allein darauf beharrt, sie habe nicht *gelogen*. Da sah Goethe erheblich weiter: *»Dir wird gewiß einmal bei deiner Gottähnlichkeit bange!«*

Blochs Entgegensetzung der Frucht vom Baum der Erkenntnis und der Tollkirsche reizt zu einer weiteren Überlegung. Beide, das ist der Grund für Blochs Gegenüberstellung, können die Augen öffnen: Die Tollkirsche (Atropa belladonna) durchs Atropin, die paradiesische Baumfrucht durch die Erkenntnis! Für Bloch scheint es ausgemacht, daß wahre Erkenntnis nicht die der Tollkirsche sein kann. Sollte man nicht bei dieser – gewiß nicht unbegründeten – Option zumindest darauf verweisen, daß sich die Erkenntnis der Neuzeit gegen die der Tollkirsche und der anderen Tollkräuter mit nackter Gewalt durchgesetzt hat, so daß diese Gewalt der Erkenntnis der Aufklärung anhaftet. Denn die Tollkräuter, als die der Volksmund die Tollkirsche, das Bilsenkraut, den Stechapfel und die übrigen Hexenkräuter bezeichnet, stehen für jene andere Form von Erkenntnis, die wie im prophetischen und poetischen Erkennen zwischen der Erleuchtung und dem Wahn, zwischen der Prophetie und der Raserei (das griechische Wort μάντις für den Propheten stammt vom Verb μαίνομαι – rasen!) keine sauberen Grenzlinien zieht. Es waren zugleich jene Erkenntnisweisen, deren Benutzung der Kräuter eine Verbindung mit der Natur festhielt, die noch nicht durch das kantische Gegenüber von Mensch und Natur als Subjekt und Objekt gekennzeichnet war. Gegen das hartnäckige Gerücht, daß die Hexenverfolgungen ein Element des finsteren Mittelalters gewesen wären, muß immer wieder daran erinnert werden, daß die neuzeitliche Wissenschaft und die voraufklärerische Begründung von Vernunft und Naturrecht mit den massenhaften Vernichtungen der Hexen und ihrer Erkenntnisweisen einhergingen. Weniger im Mittelalter als in der frühen Neuzeit brannten die Scheiterhaufen. Ich möchte nicht zwischen den Augenöffnungen der Tollkirsche und jenen der Erkenntnis der Aufklärung zu wählen haben – heute darüber zu sprechen, ohne die Gewalt zu benennen, mit der diese jene abgelöst hat, ist eine sträfliche Verminderung der Problemgeschichte, die mit dem Satz der Schlange beginnt und dessen Folgen sich heute allfällig daran zeigen, daß die Begriffe »Aufklärung« und

»Erkenntnis« längst aus der Sprache der Philosophie in den Jargon von Polizei und Verfassungsschutz abgewandert sind. Das aber ist, wie diese Verknüpfung andeuten sollte, auch *Fälschung bis zur Kenntlichkeit.* Das Licht im Kopf, das von der alten Muhme Schlange angezündet wurde, ist heute auch das Licht der Verhörlampe. *»Dir wird gewiß einmal bei deiner Gottähnlichkeit bange!«*

Aber die Schlange hat nicht gelogen. Gott selbst bestätigt, »die Menschen sind geworden wie unsereiner«, ja, wenige Kapitel später, in der Geschichte vom Turmbau zu Babel, wird Gott selbst vor der Gottähnlichkeit der Menschen bange: »Und dies ist der Anfang ihres Tuns; nunmehr wird ihnen nichts unmöglich sein, was immer sie sich vornehmen.« (Gen 11,6) Wenn denn die Unschuld des Menschen im Paradies eine »Sklavenunschuld« gewesen ist, so gibt es keinen Weg zurück ins Paradies und in jene Unschuld. Einen solchen Weg propagiert auch der biblische Erzähler nicht, er läßt den Engel mit dem Flammenschwert vor dem Paradiese stehen und den Menschen für alle Geschichte vom Garten Eden ausgeschlossen sein. Sein Erzählen aber zeichnet sich dadurch aus, daß er der Normativität des Faktischen nicht erliegt, daß er gleichwohl mit Trauer erzählt von jenem Verlust, den er nicht in triumphale Selbstermächtigung positiv umdeutet.

So bleibt die Rebellion der Schlange zwiespältig. Sie lügt nicht – *allein das ist es eben.* Nicht ohne Grund heißt das achte Gebot des Dekalogs nicht: Du sollst nicht lügen!, sondern: Du sollst nicht falsches Zeugnis reden zum Nachteil deines Nächsten! Wer meint (wie es bürgerliche Theologie nicht selten tut), das sei doch eigentlich das gleiche, oder wer (wie Baumgarten in der zweiten Auflage der RGG) bedauert, daß der Dekalog kein eindeutiges Verbot des Lügens enthalte, sondern darin zwiespältig sei, der hat die Dialektik der Wahrheit *als* Dialektik der Aufklärung nicht verstanden. Du sollst kein falsches Zeugnis reden wider deinen Nächsten – das kann ja im Extremfall heißen: Du sollst nicht die Wahrheit sagen zum Schaden deines Nächsten!

Die Schlange hat nicht gelogen. Sie hat nicht gelogen, wie auch das Orakel von Delphi niemals log. Das Orakel von Delphi aber setzte mit seinen wahren Sätzen jene Bewegung in Gang, die sie erst wahr machte, indem sie sie zu vermeiden versuchte. Alle Handlungen des Ödipus waren nichts anderes als der Versuch, dem auszuweichen, was ihm das Orakel prophezeit hatte, und es waren eben jene Bewegungen, die erst sich erfüllen ließen, was prophezeit wurde. »Selffulfilling prophecy« gibt es auch durch Wahrheit, und es ist keineswegs verbürgt, daß solche Wahrheit humanen Verhältnissen dient. All das reizt, die Worte der Schlange, mit denen sie nicht gelogen hat, und die doch die Geschichte der Lüge in Gang setzten, genauer anzuschauen. Um es vorweg zu sagen: tatsächlich sagt die Schlange kein falsches Wort. Allerdings ist es nützlich, sich daran zu erinnern, daß die klassische Eidesformel die Lüge in verschiedenen Richtungen auszuschließen trachtet: *Die Wahrheit, die reine Wahrheit und nichts als die Wahrheit.* Die Wahrheit sagt die Schlange; nichts als die Wahrheit sagt die Schlange; aber sie sagt nicht die volle Wahrheit, wie die Aufklärung und der auf ihre Paradiesgeschichten-Interpretationen rekurrierende Bloch die Wahrheit und nichts als die Wahrheit sagen; aber sie alle sagen nicht die volle Wahrheit. Gott hatte (Gen 2,16) gesagt: ihr dürft von *allen* Bäumen essen, nur von *einem* nicht! Nun aber fragt die Schlange: »Sollte Gott wirklich gesagt haben: Ihr dürft *nicht* von *allen* Bäumen des Gartens essen?«. Auf der mathematischen Ebene ist die Verschiebung in der Frage der Schlange keine Unkorrektheit. Von allen ja, von einem aber nicht bedeutet: *nicht von allen*. Die Variante des Ausdrucks enthält eine Verschiebung der Intention. Aus der Zusage, die eine Einschränkung enthält, wird die Einschränkung isoliert. Die Fixierung auf das *eine,* was nicht erlaubt ist, läßt all das, was ein friedliches Leben im Gottesgarten ermöglicht, in den Hintergrund treten. Realität hat nun nur noch die Einschränkung. Einem bösen englischen Witz zufolge hat man einmal jemanden in den Wahnsinn getrieben, indem man ihm ein riesiges Erbe versprach unter der einzigen Bedingung, er dürfe nicht an weiße Elefanten denken. Es versteht sich, daß das ganze Denken dieses Menschen nur noch von weißen Elefanten erfüllt war. Die Frau reagiert auf die Frage der Schlange, indem sie nun ihrerseits in der Wiederholung des göttlichen Gebotes jene winzigen und doch so folgenreichen Verschiebungen der Schlange aufnimmt: in ihrem Zitat des göttlichen Gebotes fällt das »alle« bei der Nennung der Bäume, von denen die Menschen essen dürfen, weg (wiederum mathematisch richtig) und, fixiert allein auf das Verbot, steigert sie es, indem sie nun noch hinzufügt, Gott habe verboten, diesen Baum zu *berühren.* Ich zitiere einen längeren Abschnitt aus O. H. Steck, *Die Paradieserzählung:*

»Eben hieran setzt die Schlange für den zweiten Schlag an, mit dem sie ihr Opfer ganz auf ihre Seite zieht. Sie knüpft an die von der Frau zitierte Sanktion des Gebotes an und spricht: ›Ihr werdet mitnichten sterben! Vielmehr weiß Gott: sobald ihr davon eßt, da werden eure Augen aufgetan und ihr werdet sein wie Gott, wissend, gut und böse.‹ In den Ohren der Frau widerspricht die Schlange damit Gott aufs schärfste; sie weiß es besser – und in der Tat, wieder sagt sie kein falsches Wort: daß dem Genuß der Erkenntnisfrucht die Todesstrafe nicht auf dem Fuße folgt, bestätigt der Fortgang der Erzählung, daß ihre

Augen aufgetan werden, sagt 3,7 und daß sie wie Gott geworden sind und Gut und Böse wissen, sagt Gott 3,22 selbst. Trotzdem sind es im Kontext dieses Vorgangs lauter Halbwahrheiten, und mit der Doppeldeutigkeit wird ein finsteres Spiel getrieben: vielleicht ist schon das ›Ihr werdet mitnichten sterben‹ und das ›Sein wie Gott‹ mit Absicht auf das Mißverständnis hin angelegt, die Menschen könnten unsterblich und Gott werden; auf jeden Fall aber wird das Erkennen, das Wissen von Gut und Böse der Frau als Fähigkeit substantieller Selbstbestimmung des Lebens vorgestellt, die die Menschen Gott selbst gleichen läßt; entsprechend wird für die Frau als Begehrenswertes herausgestellt, daß der Baum klug, einsichtig macht. Ist in der Frau erst einmal der Argwohn möglicher Mißgunst Gottes hinter seinem Gebot aufgestiegen, so muß jedes dieser Worte der Schlange wie eine Bekräftigung des Verdachtes wirken, muß wie Versäumtes, Vorenthaltenes scheinen. Aber diese Mißverstehbarkeit ist Taktik der Schlange; sie braucht zur Übertreibung gar nicht mehr aufzufordern; die Begier, das Verbotene zu tun, ist riesengroß geworden. ... So scheint die Übertretung des Gebotes das einzig Erstrebenswerte. Die Frau nimmt von den Früchten des verbotenen Baumes, sie ißt, gibt ihrem Manne bei ihr, und er ißt – welches Zerrbild der Gemeinschaft, in die Gottes Fürsorge den Menschen bei der Schöpfung gebettet hat; gestört sind das Vertrauen zu Jahwe, das Verhältnis Tier – Mensch, die Verbundenheit des Mannes mit der Frau!« (S. 103 f.).

Aber das alles gehört doch nach der Interpretation der Aufklärung zur wahren Menschwerdung. Autonomie statt der gegebenen fremden Regeln, Vernunft statt Instinkt, freihandelndes Subjekt statt Automat. Wiederum geht es nicht darum, zu wählen zwischen der alten Sklavenunschuld und der neuen Autonomie. Es geht um die Redlichkeit, die Folgen der Autonomie zu benennen, wie es der biblische Erzähler tut. Was sind in der Geschichte selbst die Folgen? Die Augen sind geöffnet – das Licht ist im Kopf – die Wahrheit ist enthüllt? Die Folgen der Übertretung des göttlichen Gebots zeigen sich in der Paradiesgeschichte gerade nicht als Enthüllungen von Wahrheit, vielmehr zeigen sich vielfache Verhüllungen und Trennungen – eben jene Verhüllungen und Trennungen, die in der Aufklärung und ihrer Wahrheit, die nichts als die Wahrheit, aber eben nicht die ganze Wahrheit ist, unterschlagen werden. Eine *erste* Folge der Übertretung ist eine dreifache Verhüllung. Die Menschen schämen sich ihrer Nacktheit (in der Sicht des Erzählers keineswegs der Schritt vom Tier zum

Bürger, sondern der Verlust unverstellter, unverhüllter Partnerschaft) und verhüllen sich voreinander mit Feigenblättern. Adam *versteckt* sich vor Gott – eine *zweite* Form der Verhüllung. Die *dritte* Form der Verhüllung und Verkleidung ist die der Sprache. Sprache wird nun zum ersten Mal dazu benutzt, Sachverhalte zu verstellen. Gegenseitige Beschuldigungen, eigene Entschuldigungen. Die Sprache be- und verkleidet sich. Dabei gehen auf dieser Ebene die Verstellungen weiter. Anders als im Gottesgarten, wo Adam gegenüber der Frau darauf verzichtet hatte, sie wie ein Objekt zu benennen (anders als bei der Objektbenennung bei den Tieren wird hier formuliert: sie wird genannt werden, zur Einzelexegese verweise ich auf Verf., *Ursprung und Ziel*, S. 111 ff.), folgt nach der Vertreibung aus dem Paradies die Benennung eines Objektes, Frau, durch ein Subjekt, Mann. Adam nennt seine Frau Eva und legt mit der Benennung ihre Rolle als Mutterrolle fest. Diese beiden Formen von Sprache, Sprache als Möglichkeit der Verhüllung und Subjekt-Objekt-Sprache, zeichnen die nachparadiesische Situation aus. Jene Konstituierung einer Subjekt-Objekt-Beziehung betrifft nun aber vor allem das Verhältnis des Menschen zur Erde und zu den Tieren. War er von der Erde genommen ('ādām von 'adāmā), so wird ihm nun die Erde *('adāmā)* zum Objekt des bloßen Bebauens. War die Rolle des Menschen im Gottesgarten bestimmt durch seine Aufgabe, den Garten zu *bebauen* und zu *bewahren,* so bleibt ihm nach dem Paradies nur mehr das Bebauen. Seine Arbeit ist Arbeit gegenüber einem Objekt Natur geworden. Die Trennung von Mensch und Natur ist die Folge dessen, was das durch die Schlange angezündete »Licht im Kopf« in Gang gesetzt hat. Und was einzig noch einer fortschrittsgläubigen Rezeption der Paradiesgeschichte im Wege zu stehen scheint, die Tatsache nämlich, daß zwar die von Gott verhängte Todesstrafe nicht vollzogen wurde, daß aber die Menschen auch nicht, wie man es vielleicht den Verheißungen der Schlange hätte entnehmen können, unsterblich sein würden, wird statt auf das Leben des einzelnen Menschen auf den Gedanken des Fortschritts selbst übertragen und damit entschärft. Unendliches Wachstum, stetiger Fortschritt soll für Produktionsverhältnisse gelten. Die Folge ist bekanntlich die Todesverdrängung im Kapitalismus – die Möglichkeit des Endes, daß es einmal nicht *immer so weiter geht,* muß verdrängt und verleugnet werden (in Berlin dürfen keine schwarzen Leichenwagen fahren; der Tod soll aus dem Stadtbild verschwunden sein).

Gewiß also: die Schlange hat nicht gelogen. Aber: *»Dir wird gewiß einmal bei deiner Gottähnlichkeit bange!«*

Die DIFFERENZ VON GUTEN UND BÖSEN zum Kern der Moral zu machen, *so* der Zweideutigkeit zu entgehen, verkürzt die Wirklichkeit gewalttätig, vgl. Verf., *Leviathan,* S. 68 ff. Hierher gehört auch Pasolinis Kri-

ralisten wichtiger als das eigene Leben. Sie ist die Kraft, die Jona befähigt, noch Gott selbst gegen sich selbst vor Zweideutigkeiten bewahren zu wollen. Schlimmer als der Tod der Niniviten – und schlimmer als der eigene Tod erst recht – wäre das Verschwinden der DIFFERENZ VON GUTEN UND BÖSEN. Ninive jedoch kehrte um, kehrte um auf ein Wort hin, das diese Möglichkeit nicht mehr eingeräumt hatte. Was die *richtigen* Voraussagen der Kassandra nicht erreichten, bewirkte das Wort des Jona, das eben dadurch zur *falschen* Voraussage wird.

»Die Männer von Ninive aber machten sich fest an Gott. Sie riefen ein Fasten aus und zogen das Sackzeug an, sie alle, vom Größten bis zum Kleinsten. Das Wort hatte nämlich den König von Ninive erreicht. Der erhob sich von seinem Thron, warf sein Herrschergewand von sich ab, zog sich das Sackzeug an und setzte sich in den Staub. Dann ließ er in Ninive als Erlaß des Königs ausrufen: Menschen und Tiere, Rinder und Kleinvieh sollen überhaupt nichts essen, sie sollen nicht weiden, sie sollen kein Wasser trinken, sondern sollen sich das Sackzeug anzie-

---

tik an den doktrinären Marxisten (und Pasolinis Exkommunikation aus der KPI gerade wegen unmoralischen Lebenswandels). Pasolini schreibt:

»Sie sind unbeugsam, sie sind finster in ihrem Urteil über dich: Wer das Büßerhemd an hat, kann nicht verzeihen.
    Du kannst von ihnen keinen Funken Barmherzigkeit erwarten: nicht weil Marx es so lehrte, sondern wegen dieses ihres Liebesgottes, der elementarste Sieg des Guten über das Böse, der ihren Taten innewohnt...«

(P. P. Pasolini, *Le Poesie*, Mailand 1975, S. 23 f., zitiert nach der deutschen Fassung der Pasolinibiographie von E. Siziliano, Weinheim ²1981, S. 277)

Die moralistisch-eindeutige Dingfestmachung des anderen als des Bösen salviert die eigene Gewalt. Für Jona war Ninive das Zentrum des Bösen. Wem diese Kennzeichnung bekannt vorkommt, der möge sich fragen, ob sie nur das Denken der anderen beherrscht. Ninive – Moskau – Washington? Würde uns die Umkehr nicht auch verdrießen? Macht es uns dieser Präsident nicht auch einfach? Legitimiert nicht seine moralische Unterscheidung von Guten und Bösen moralische Kritik und ihr Umschlagen ins bloß Umgekehrte – begründeter vielleicht, aber mindestens ebenso *moralisch*?

»WELTGESCHICHTE IM WÖRTERBUCH« – die Bemerkung Rosen-
zweigs steht in einem Brief an Rudolph Ehrenberg (4. 11. 1913), GS I, 1
(Franz Rosenzweig, *Briefe und Tagebücher*, Haag 1979), S. 142. Zur Bedeutung der Umkehr als »t^{e}šūbā s. auch E. Wiesel, *Jona*, in: *Von Gott
gepackt*, Freiburg i. B. 1983, S. 139 ff.

MENSCH UND TIER sind im Jonabuch nicht nur in der Buße verbunden, vielmehr durchzieht eine ökologische Linie die ganze Geschichte. In
diesem Kontext hat auch der große Fisch seine Bedeutung, aber auch der
Wurm, der in der Scheinidylle des Schattens unterm Rizinus steckt. Von
hier aus bekommen die letzten Worte des Buches (»... und soviel Vieh«)
eine besondere Bedeutung. Daß das Jonabuch »sogar mit dem einen oder
anderen Hinweis für Ökologen« verbunden sei, sagt E. Wiesel, *Jona*,
S. 120.

Über die das gesamte Jonabuch durchziehende Dimension des Verhält-
nisses zur Natur handelt eine noch unveröffentlichte Skizze von
M. Leutzsch, »... und so viel Vieh?« Zum Verhältnis von Utopie und
Gewalt im Buch Jona.

UMSTÜLPEN, UMSTÜRZEN – die Bedeutung von *hāpak* ist ambivalent – zweideutig.

Zur Wortbedeutung s. Ges.-Buhl, s. v.; ThWAT II, S. 454 ff. (Seybold);
im Sinne des politischen Umsturzes Hag 2,22 u. ö., auch als grundsätzliche
Veränderung von Stimmungen und Aussagen (Fluch in Segen: Dtn 23,6;
Neh 13,2, Leid in Freude: Jer 31,13), aber ebenso als katastrophaler Umsturz, Zusammenbruch (vgl. *h^{a}p^{e}kā* in Gen 19,29). Als Grundbedeutung
kann das Wortfeld ›Umsturz‹ angenommen werden. Wolff, BK XIV/3,
wendet sich gegen die Möglichkeit, man könne das Wort Jonas doppelt
verstehen: »Doch wird man aus Jonas Spruch kein zweideutiges Orakel
machen dürfen: ›Noch vierzig Tage, und Ninive ist umgewandelt, sei es in
ein Ruinenfeld oder in eine bußfertige Stadt.‹ Das wäre weder Jonas Meinung noch die des Erzählers ...« (S. 123 f.). Vorsichtiger möchte ich sagen:
das wäre weder Jonas Meinung noch die der *Niniviten*. Die *Erzählung*
jedoch berichtet ohne Zweifel von einem Umsturz in Ninive, der als ein
hpk bezeichnet werden kann. Darin ist die Geschichte selbst zweideutig.
Freilich muß abermals betont werden, daß diese Zweideutigkeit weder einen betrügerischen Hintersinn bezeichnet noch eine Form der Beliebigkeit
oder des Opportunismus. Die Geschichte und in ihr Jonas Wort gegen
Ninive in einer geradezu exorzistischen Weise gegen die Zweideutigkeit
absichern zu wollen, verrät noch bei Wolff ein Interesse an Eindeutigkeit,
das näher bei Jona als bei der Jonaerzählung liegt. Überdies ist auch der
Verweis auf zweideutige Orakel (etwa mit dem Gedanken an die delphi-
sche Pythia) problematisch. Denn diese Orakel waren *niemals* zweideutig

hen, Menschen und Tiere, und sollen mit aller Kraft zu Gott rufen. Und umkehren sollen sie, jeder einzelne von seinem bösen Weg und von der Gewalt, die an ihren Händen klebt. Vielleicht (wer weiß?) gereut es den Gott noch einmal, und er kehrt um von seinem glühenden Zorn, so daß wir nicht zuschanden gehen. Und der Gott sah ihre Taten, wie sie von ihrem bösen Weg umkehrten. Da gereute den Gott das Böse, das er ihnen zu tun angesagt hatte. Und er tat es nicht.« (3,5–10)

Ninive kehrt um, Ninive tut Buße. Es ist eine Umkehr mit den Füßen, eine $t^e\check{s}\bar{u}b\bar{a}$, nicht allein eine Umkehr im Kopf (μετάνοια).

Die philologische Differenz zwischen dem hebräischen und dem griechischen Wort für Buße, Umkehr bezeichnet (nach einer Bemerkung von Franz Rosenzweig) einen der Punkte, bei denen »die WELTGESCHICHTE IM WÖRTERBUCH steht«. Denn in dem Maße, in dem aus der Umkehr mit den Füßen eine nurmehr mit dem Kopf wurde, wurde die Buße von einer Veränderung der Verhältnisse nurmehr zu einer im Gewissen. Ninives $t^e\check{s}\bar{u}b\bar{a}$ ist eine totale Richtungsänderung. Sie betrifft die gesellschaftlichen Hierarchien und die politischen Verhältnisse, wie denn der in der Schilderung gebrauchte Gewaltbegriff $\underline{h}\bar{a}mas$ politische, ja strukturelle gesellschaftliche Gewalt bezeichnet. Nicht weniger wird erzählt, als daß in der Umkehr Ninives die Differenz zwischen dem Größten und dem Kleinsten, dem König und dem Volk, zwischen MENSCH UND TIER verschwindet. Die Umkehr Ninives manifestiert sich als Zusammenbruch der herrschenden Machtverhältnisse. Darin ist freilich die Umkehr Ninives nicht nur die Voraussetzung der Abwendung des angedrohten Zusammenbruchs, sondern auch der Zusammenbruch selbst. Das hebräische Verb $\underline{h}\bar{a}pak$, das den Zusammenbruch in der unbedingten Unheilsansage Jonas bezeichnete, ist selbst zweideutig: $\underline{h}\bar{a}pak$ bedeutet etwa: UMSTÜLPEN, UMSTÜRZEN, verderben, aber auch verändern! *Das*

---

in dem Sinne, daß sie zwei Möglichkeiten ließen. Vielmehr ist es die vom Orakelempfänger (man denke an Ödipus oder Kroisos) eindeutig verstandene Deutung, die ihn *eindeutig* das tun läßt, was *eindeutig* die gemeinte wahre Deutung erst ins Werk setzt. Vor dem Hintergrund des delphischen Orakels müßte man umgekehrt sagen, daß gegenüber der tödlichen Eindeutigkeit der Orakel gerade die Zweideutigkeit (die Differenz zwischen dem Wort Gottes durch Jona und dem Sich-Festmachen der Niniviten an demselben Gott), die Möglichkeit des »vielleicht«, Leben ermöglicht – und damit Wahrheit statt bloßer Richtigkeit.

Die DOPPELTE UMKEHR und mehr noch ihre innere Abfolge stellt die Theologie als Rede von Gott vor ein großes Problem. Wird Gott hier nicht dargestellt wie einer, der auf die menschliche Tat reagieren *muß?* Statt einer dogmatischen Erörterung ein Zitat aus Luthers Jonaauslegung, das der Jonastelle an »Anstößigkeit« kaum nachsteht. Bezogen auf den Jonapsalm, aber der Sache nach ebenso auf Schrei und Umkehr Ninives zu beziehen, sagt Luther (zitiert nach der Ausgabe von G. Krause, s. o. S. 63).

»Denn das kann Gott nicht unterlassen:
Er muß helfen dem, der da schreit und ruft.
Seine göttliche Güte kann sich da nicht
zurückhalten, sie muß hören.« (S. 71 f.)

»JONA WAR NÄMLICH AUS DER STADT HERAUSGEGANGEN.« Diese den Erzählverlauf unterbrechende nachklappende Information von v. 5, nach der Jona offenbar bereits während des vorherigen Gesprächs auf dem »Beobachtungsposten« war, gibt seit langem Anlaß zu literarkritischen Überlegungen und Operationen, vgl. das Referat bei Wolff, BK XIV/3, S. 136 f., ferner die o. S. 23 f. genannten Arbeiten von Lohfink, Vanoni, Witzenrath und Weimar. Wolffs eigener Verweis auf die springende Erzählweise (auch in Kap. 1) überzeugt mich. Dennoch sei noch einmal wiederholt, daß die Aufgabe der Interpretation des jetzt vorliegenden Textes die Rekonstruktion möglicher literarischer Vorstufen nicht überflüssig macht, allerdings sei mit demselben Nachdruck festgehalten, daß die Rekonstruktion des *Entstehens* des Textes die Aufgabe des *Verstehens* des jetzt vorliegenden Textes erst recht nicht überflüssig macht.

»WARTEN AUF GOTT UND GODOT UND DIE WEISSE TAU-
BE«

(Evelyn Künnecke)

Wenn der ›Schiffbruch‹, auf den Jona wartet, nicht eintritt, so kann noch das Warten selbst, das Warten auf etwas oder jemanden, mit dessen Nicht-Eintreffen man sich bereits abgefunden hat, zur Haltung werden. Zu Bekkett s. die Materialien zu Samuel Becketts *Warten auf Godot,* I, hg. v. U. Dreyse, Frankfurt a. M. 1973, II, hg. v. H. Engelhardt u. D. Mettler, Frankfurt a. M. 1978 (jeweils mit Bibliographie), vgl. dabei bes. G. Anders,

Ninive, das durch seine Macht und Gewalt groß war, *ist* zusammengebrochen. Der Trost, den die Mächtigen in der Verschonung Ninives finden könnten, hat daher einen Widerhaken. Nur ihr Zusammenbruch könnte den Zusammenbruch vermeiden.

Für Jona aber erfüllen sich in der DOPPELTEN UMKEHR (der Ninives und der JHWHs) die Befürchtungen. Das Geschehen macht ihn zum falschen Propheten und den Gott, in dessen Namen er redet, zum prinzipienlosen Subjekt. Jona bietet seinen Moralismus gegen die doppelte Zweideutigkeit auf. In einer Welt, in der Ninive leben darf, soll wenigstens Jona sterben. Wenn schon das Recht in Gottes Reue verschwindet, so soll doch wenigstens der Unterschied zwischen Ninive und Jona befestigt bleiben. Wenn die Bösen leben dürfen, sollen wenigstens die Guten nicht leben. K. Heinrich konstatiert: »Der Verlust der zerstörerischen Gewißheit hat selbstzerstörerische Konsequenz« *(Parmenides, S. 108).*

»So nimm doch nun, JHWH, mein Leben von mir! Denn sterben ist besser für mich als leben. Da sprach JHWH: Ist dein Zorn richtig? JONA WAR NÄMLICH AUS DER STADT HERAUSGEGANGEN und hatte sich ihr gegenüber niedergesetzt. Er machte sich dort eine Laubhütte und ließ sich in ihrem Schatten nieder, bis er sehe, was mit der Stadt geschehe.« (4,3–5)

Jona versucht nach der gescheiterten Flucht und nach dem gescheiterten, weil wirkenden bzw. dem geglückten, weil widerlegten, in jedem Fall zweideutigen Wahrnehmen des Auftrags nun noch das, was ihm zuvor keine Möglichkeit war – und was auch jetzt keine sein wird. Er versucht, die Zuschauerhaltung einzunehmen, den »Schiffbruch mit Zuschauer« zu inszenieren oder das WARTEN AUF GODOT. Was hält Gott dieser Flucht entgegen? Er attak-

---

Sein ohne Zeit, ebd. I, S. 31–38 (= *Antiquiertheit I,* S. 213–231); problematisch sind unmittelbare theologische Adaptionen des Godot-Stücks, z. B. bei H. Beckmann, *Godot oder Hiob,* Hamburg 1965.

In einer Hinsicht kann man (gerade in der Verknüpfung mit Jonas Warten »östlich von Ninive«) als Gegengeschichte zum Godot-Stück Kafkas Erzählung *Vor dem Gesetz* lesen, wo das Warten als Haltung die Wahrnehmung dessen verhindert, was jede Sekunde möglich wäre.

»GRAND HOTEL ›ABGRUND‹« – zum ursprünglichen Kontext dieser Formulierung bei Lukács im Zusammenhang der Kritik intellektueller Radikalität und gleichzeitigem Leben beim Feind s. den bei F. Benseler (Hg.), *Revolutionäres Denken: Georg Lukács,* Darmstadt, Neuwied 1984, S. 179–196, abgedruckten Text *Grand Hotel ›Abgrund‹* (1933). Das Schwanken, die Unfähigkeit zum »Salto vitale« (s. u. S. 112 im Anschluß an diese Formulierung von Lukács), zeichnet in den Augen Lukács' nicht nur die später so genannte »Frankfurter Schule« aus, ja war zunächst nicht auf die »Frankfurter« gemünzt. Zur »Kennzeichnung« der »Frankfurter« wurde das Wort Lukács' dadurch, daß Adorno es auf sich bezogen [nicht miß]verstand.

Auch wer Lukács' Kritik für berechtigt hält, sollte nicht mit der Denunzierung des Schwankens eine viel schlimmere Eindeutigkeit salvieren. Denn ärger als jede Widersprüchlichkeit zwischen Wahrheit und Leben, Realität und Glück ist die um den Preis der Tilgung einer der Seiten erkaufte Eindeutigkeit. Es ist auf der Ebene der Wissenschaftstheorie und der historischen Hermeneutik *leicht,* G. Anders der Widersprüchlichkeit zu überführen: Wie kann man die »utopische Inversion« (s. o. S. 18) und ihre realen politischen und technologischen Bedingungen als Folge der neuzeitlich-bürgerlichen Weltverhältnisse analysieren und gleichzeitig auf das bürgerliche Subjekt als allenfalls noch aufzubietende Kraft gegen seine Folgen setzen? *Leichtfertig* ist es – auf der Ebene der Politik und der Lebenspraxis –, Anders überbieten zu wollen, indem man diese Widersprüchlichkeit zugunsten zynisch-tödlicher Eindeutigkeit überwindet, wie es U. Horstmann, *Das Untier,* Wien – Berlin 1983, Neuaufl. Frankfurt a. M. 1985 (dieser Zynismus hat Konjunktur!) unternimmt.

Dieser WURM, der die schattenspendende Staude stach und zum Verdorren brachte, hat seine biblische Vorgeschichte. Wolff, BK XIV/3, S. 144, erinnert daran, daß ein solcher Wurm bereits nach Ex 16 das von den Israeliten gehortete Manna verdarb. In der Knüpfung mit der Mannageschichte (dazu Verf., *Ursprung und Ziel,* S. 126 ff.) zeigt sich auch für Jonas Schatten-Haben-Wollen eine Haben-oder-Leben-Struktur.

kiert die Moral des Jona nicht, indem er sie *überbietet*, sondern indem er sie *unterläuft*. Die folgende Schlußszene der Jonaerzählung setzt ein an einer winzigen Blöße, die sich Jona in seinem Weltschmerz gegeben hatte. Jona hatte sich für sein Warten einen Platz im Schatten ausgesucht. Damit aber hatte er, sei es aus Instinkt, Gewohnheit oder selbstverständlicher Vernunft, den lebensspendenden Schatten der sengenden Sonne vorgezogen. Jona also will leben, mindestens etwas in Jona will leben. Mit anderen Worten: Jona, der Moralist, läßt sich ertappen beim eigenen Widerspruch. Wie kann der, der nur noch sterben will, die sengende Sonne vermeiden wollen? Man kann einen solchen Widerspruch als Unredlichkeit oder feige Inkonsequenz denunzieren. Wie Lukács den nur intellektuell Radikalen ihren Wohnsitz im »GRAND HOTEL ›ABGRUND‹« vorwarf, so könnte man noch im bescheidenen Wunsch nach Schatten eine unzulässige Durchbrechung der strikten Negativität sehen, auf die der Moralist Jona verpflichtet bleiben müßte, wollte er angesichts eines lebenden Ninive in der Eindeutigkeit bleiben.

Man kann aber auch versuchen, in Jona den Lebenswunsch gegen den Todeswunsch aufzudecken, nicht um ihn als logischen oder moralischen Widerspruch zu widerlegen, sondern um ihn stark zu machen. Im Sinne dieser zweiten Möglichkeit lese ich den Jonaschluß:

»Da bestellte JHWH-Gott eine Rizinusstaude. Die wuchs auf über Jona, um seinem Kopf Schatten zu spenden, um ihn herauszureißen aus seinem Unmut. Da geriet Jona über die Rizinusstaude in große Freude. Aber Gott bestellte einen WURM, als die Morgenröte am folgenden Tag aufstieg. Der stach die Rizinusstaude, so daß sie verwelkte. Als aber die Sonne aufging, bestellte Gott einen sengenden Ostwind. Da schlug die Sonne auf Jonas Kopf, und er wurde ganz schwach. Da erbat er sich zu sterben und sprach: Sterben ist besser für mich als leben. Und Gott sprach zu Jona: Ist es richtig, daß du wegen der Rizinusstaude zornig bist? Er sagte: Es ist richtig, daß ich auf den Tod zornig bin. Da sprach JHWH: Dich reut der Rizinusstaude, um die du keine Mühe hattest und die du nicht großgezogen hast, die in einer Nacht entstand und in einer Nacht verging. Und mich sollte nicht reuen Ninives, der großen Stadt, in der es mehr als 120 000 Menschen gibt, die nicht rechts und links unterscheiden können, und viel Vieh?« (4,6—11)

»RAT FÜR VIELE« weiß nach Benjamins Erzähler-Essay der Erzähler (GS II, 2, S. 438 ff.). Die Geschichte des Erzählers weist damit hinaus über das, was sie unmittelbar berichtet, und doch ist ihre Botschaft keine allgemeine, allezeit und für jedermann gültige. Daher ist das Jonabuch im dezidierten Sinne eine *Erzählung*.

JONAS ZUM BEISPIEL, in: *Karsch und andere Prosa*, Frankfurt a. M. 1964, S. 82–84, hier S. 84 (Erstveröffentlichung in der FAZ vom 6.1. 1962), vgl. dazu I. Riedel, *Wahrheitsfindung als epische Technik. Analytische Studien zu Uwe Johnsons Texten*, München 1971 (zu »Jonas« S. 197–206). Daß das Jonabuch mit einer offenen Frage endet, ist entscheidend für E. Wiesel, *Jona*, S. 143.

»RECHTS UND LINKS NICHT UNTERSCHEIDEN KÖNNEN« – umstritten ist die Frage, auf wen sich diese Beschreibung bezieht. Mit ähnlichen Formulierungen (vgl. ›noch nicht gut und böse unterscheiden können‹, Dtn 1,39; Jes 7,16) bezeichnet man die Lebensphase der frühen Kindheit. In diesem Sinne wären 120 000 Menschen, die noch nicht rechts- und links unterscheiden können, 120 000 Kinder. Heinrichs (*Parmenides und Jona*, S. 105) Hinweis auf die »unbefriedigende Kinderpsychologie, die den Kindern Vernunft und Unterscheidungsvermögen abspricht«, müßte deshalb auf die hebräische Bibel selbst (und nicht allein auf die von Heinrich kritisierten Ausleger) bezogen sein. Mit Recht wendet sich Heinrich gegen die Versuche, die »über 120 000« als Kinder zu identifizierenden Niniviten auf die Gesamtzahl der Einwohner hochzurechnen. Vielmehr meint die Angabe, die über 120 000 Einwohner Ninives (auch das eine märchenhaft übertriebene Angabe) seien hinsichtlich ihrer Unterscheidungsfähigkeit WIE 120 000 KINDER zu sehen. Hier geht es kaum um ein Lob der Vernunft oder sonst eine implizite Hochachtung des Erwachsenenlebens. Eher schon sind die 120 000 wie Kinder, weil sie nicht präzise unterscheiden können, was geht und was nicht geht. Dagegen hätte ein »Erwachsener« eindeutig erkannt, daß Jona entweder Richtiges sagt, was alle weiteren Maßnahmen überflüssig machte, oder ein falscher Prophet ist, was ebenso überflüssig machte, auf ihn zu hören. Die 120 000 WIE KINDER konnten ihr »wer weiß?« aussprechen und aus der *Zwei*deutigkeit *ein*deutig handeln. Dann wären die Niniviten *noch nicht* dem verpflichtet, was der »Fall« ist: darin prälapsarische Kinder, »Kinder als Repräsentanten des Paradies(es)« (Benjamin, GS I/3, S. 1243, vgl. dazu und zur Bedeutung der Kindheit in der Philosophie der Aufklärung Verf., *Ursprung und Ziel*, S. 54, 62 f.) *und schon* Kinder wie die, die nach Mark 10,13 ff.; Matth 18,1 ff.; Luk 18,15 ff. einzig ins Reich Gottes gelangen werden. So sind die 120 000 Niniviten »WIE KINDER« erst nach ihrer *Umkehr* (vgl. Matth 18,3) WIE KINDER. Damit nimmt der Schlußsatz des Jonabuches eben die Bewegung auf, in der das große Ninive klein wurde.

So endet das Jonabuch. Am Schluß steht eine offene Frage. Was könnte Jona antworten, was könnte er lernen, welchen »RAT FÜR VIELE« könnte Jonas Geschichte enthalten? Uwe Johnson nennt in den Schlußsätzen seiner Nach-Erzählung »JONAS ZUM BEISPIEL« mehr als eine mögliche Fortsetzung:

»Und Jona blieb sitzen im Angesicht der sündigen Stadt Ninive und wartete auf ihren Untergang länger als vierzig mal vierzig Tage? Und Jona ging aus dem Leben in den Tod, der ihm lieber war? Und Jona stand auf und führte ein Leben in Ninive? Wer weiß?«

Für Klaus Heinrich hängt am Schlußsatz des Jonabuches alles. Hier macht sich die Differenz zwischen Parmenides und Jona fest. Ist für Parmenides das Volk die »doppelköpfige blöde Menge«, so erscheint dieses Volk in den Schlußsätzen des Jonabuches nicht klüger und doch ohne die Kälte. Mehr als 120 000 Menschen, die »RECHTS UND LINKS NICHT UNTERSCHEIDEN KÖNNEN« — d. h. in der hebräischen Metaphorik: 120 000 Menschen WIE KINDER. So beschrieben, bleiben sie für den kritischen Denker Gegenbild. Ob er sich aber im Verhältnis zur Menge als »ELITE« oder als »AVANTGARDE« verhält (sich von ihr absetzen oder sie mitziehen will, ob es um die Wahrheit der wenigen *oder* zuletzt um die Wahrheit für alle geht) — das steht zwischen Parmenides und Jona und nicht nur zwischen ihnen zur Debatte.

Zur Frage der Unterscheidung von ELITE und AVANTGARDE verweise ich auf das Interview mit J. Taubes, in: *Tumult* 4 (1982) S. 64–76; vgl. auch Verf., *Ursprung und Ziel*, S. 17 Anm. 21.

Die Veränderung vom ALLGEMEINEN zum KONKRETEN wird im Text selbst präzise benannt. Die Frage Gottes nach der Berechtigung von Jonas Zorn steht in 4,4 und in nahezu wörtlicher Wiederholung noch einmal in 4,9. Der Unterschied liegt darin, daß in 4,4 nach einem allgemeinen Zorn Jonas (ohne »Objekt«) gefragt wird, in 4,9 nach seinem Zorn über den (Untergang des) Rizinus.

In der Konfiguration zwischen Jona und Kassandra lese ich in den Schlußsätzen des Jonabuches noch eine andere Lehre.

Im Kleinen will Jona festhalten, was er im Großen leicht preiszugeben bereit war. Sein Verdruß über den Verlust des Schattens ist ja ebenso die Fortsetzung seines abstrakten und ALLGEMEINEN Grolls *wie* dessen Umschlag zum KONKRETEN und Besonderen. Im *so* gewendeten Groll, ja, noch im *so* gewendeten Todeswunsch wird aber ein im Allgemeinen erstickter Lebenswunsch sichtbar. Sein Groll über den Verlust des Schattens ist zudem ehrlicher als die Sorge um die Stimmigkeit der Welt im ganzen. Nicht *denunziert* wird Jonas Durchbrechung der Negativität, nicht als Widerspruch *widerlegt* − im Gegenteil: sie wird stark gemacht und zum Ansatz einer Lehre für Jona und über Jona hinaus. Die Durchbrechung läßt den Widerspruch aufleben! Indem Jona wahrnimmt, daß noch Leben *in ihm* ist, nimmt er wahr, daß noch Leben ist und Leben sein soll. Das führt ihn (und uns) nicht heraus aus der Zweideutigkeit. Wie dürfte man angesichts des drohenden und des längst realen Unheils auch nur eine Minute glücklich sein wollen? Aber zugleich und ebenso sehr: Wie dürfte man das Bedürfnis nach Glück denunzieren, ist es doch der mächtigste Widerstand gegen die Gewalt? Wie ist das Kleine mit dem Großen und das Besondere mit dem Allgemeinen verknüpft?

WO ABER GEFAHR WÄCHST, IST DAS RETTENDE AUCH – es handelt sich leicht ersichtlich um die Umkehrung der bekannten Anfangszeilen von Hölderlins Gedicht *Patmos* (1803)

> »Nah ist
> Und schwer zu fassen der Gott.
> Wo aber Gefahr ist, wächst
> Das Rettende auch.«

(Hölderlin, *Werke und Briefe*, 1, hg. v. F. Beißner u. J. Schmidt, Frankfurt a. M. 1969, S. 176, spätere Fassungen S. 183, 188, 191). Die Umkehrung von »sein« und »wachsen« soll einen Paradigmawechsel andeuten. Längst *ist* Gefahr nicht mehr, sondern *wächst*, ja Wachstum ist der Index der Gefahr selbst. Das Rettende kann deshalb nicht mehr »urwüchsig« von einem Wachstum erwartet werden, sondern »vielleicht« in der Verweigerung der Loyalität gegenüber dem Fetisch »Wachstum« liegen. (Zum Fetischcharakter des Wachstum achte man nur auf den neo-mythologischen Wortgebrauch »Null-Wachstum«, gar: »Minus-Wachstum« – die Omnipräsenz dieses Götzen wird noch in seinem Gegenteil behauptet.)

Unterbrechung von Gewalt, Abbau der Hierarchien in kleinen Gruppen, in den Gemeinden – auch *das* sind (seltener bemerkte) Dimensionen der Johannesoffenbarung – auch *das* wäre *Patmos*. Zur Verbindung zwischen Hölderlins Gedicht und der Apokalypse vgl. auch J. Derrida, *Apokalypse*, deutsch Wien 1985, S. 56 f. Und wenn der Gott, der nah und schwer zu fassen ist, der Gott ist, der sich in Ex 3,14 selbst vorstellt als der, der ist/sein wird/sich erweisen wird, der er ist/sein wird/als der er sich erweisen wird, so ist er tatsächlich nah (das »Sein« – *hājā* – des hebräischen Textes ist allemal ein Sein *für* jemanden), tatsächlich schwer zu fassen (die Antwort, die Mose mit eben der Selbstvorstellung von Ex 3,14 erhält, ist ja ebenso die Verweigerung einer Antwort wie die Antwort selbst). Dieser Gott ist, wenn er der Gott von Ex 3,14 ist und nicht das statische »ὁ ὤν«, zu dem ihn die griechische Tradition gemacht hat, ein dynamischer Gott, der Vergangenheit, Gegenwart und Zukunft in sich schließt. *Wachsen* aber muß dieser Gott nicht, und auch die Rettung durch diesen Gott bedarf nicht der Kategorie des Wachstums.

MARGINALITÄT, Rettung, klein, Moral, Kampf gegen das Böse, Wahrheit und *Eindeutigkeit, Unterbrechung* – das sind Stichworte für die kleine Geschichte, die ich zum Abschluß der Kassandra-Jona-Konfiguration erzählen möchte. Ihr Titel schließt an eine Formulierung von G. Lukács an (s. o. S. 114); ihren Stoff bezieht sie aus einem Bibelvers, der in den neueren Textausgaben des Neuen Testament – verschwunden ist. Dieser Vers steht (nicht mehr) in Joh 5 (als nunmehr in den textkritischen Apparat ver-

V

Das Jonabuch läßt offen, ob Jona eine Lehre ziehen und annehmen
kann. Neben der »zynischen Vernunft« und der »selbstzerstöreri-
schen Moral«, neben dem »Schiffbruch mit Zuschauer« und dem
»Warten auf Godot« könnte sich immerhin eine andere Möglichkeit abzeichnen. Sie könnte auf das Kleine setzen, auf das Marginale, auf die winzigen Durchbrechungen der Gewalt. Umkehr könnte
möglich werden, wo sie aus dem Kalkül ausgeschlossen ist. WO
ABER GEFAHR *WÄCHST, IST* DAS RETTENDE AUCH.
Und je mehr die Gefahr im Fetisch »Wachstum«, in der permanen-
ten Produktionssteigerung *besteht,* desto mehr kann das Rettende
nur im »Sein« *bestehen,* nur im Kleinen *bestehen* und muß daher
auf der MARGINALITÄT *bestehen.*

---

wiesener v. 3b.4), in der Geschichte von der Heilung des Lahmen am Teich
Bethesda. Bevor die Geschichte erzählt werden kann, bedarf es einiger Er-
läuterungen:

»Endlich hat eine Reihe sekundärer Textzeugen in V 3b.4 aufgrund der Andeutungen in V 7 im Legendenstil aufgefüllt: ›... die warteten auf die Bewegung des Wassers. Denn (der) Engel des Herrn stieg von Zeit zu Zeit herab zum Teich (andere Hss: badete) und wühlte das Wasser auf. Wer nun nach der Bewegung des Wassers zuerst herabstieg, gesundete, an welcher Krankheit er auch litt.‹« (J. Becker, *Das Evangelium des Johannes, Kap. 1—10*, ÖTK 4/1, 1979, S. 231). So spricht die textkritische Analyse dafür, den v. 4 (und das Ende von v. 3) aus der Geschichte von der Heilung des Gelähmten am Teich Bethesda herauszustreichen. In (Nestle-) Alands kritischer Textausgabe (26. neubearbeitete Auflage, 1979) und in den Übersetzungen der meisten Kommentare fehlt denn auch jener Vers, so daß im Bibeltext zwischen 3(a) und 5 eine *Lücke* entsteht. Die Stringenz der textkritischen und der literar-kritischen Analyse und ihrer Entscheidung zur »Tilgung« der legendarischen Erweiterung hat ihren exegetischen Ort und ihre methodische Berechtigung, die sich dem ideologiekritischen Impuls historisch-kritischer Methode verdankt. Konnte die Erweiterung eines biblischen Textes ein *Auslegungsmonopol* befestigen und zur Legitimation ihrerseits tilgender Gewalt werden (man denke an das »Komma Johanneum«), so kann umgekehrt die noch so begründete Streichung ebenso ausschlagen, indem sie nun in der Form des *Methodenmonopols* ihrerseits *einen* Sinn des Textes und *eine* Plausibilitätsstruktur befestigt. Denn die »Lücke« ist nicht selten der Ort einer Geschichte, die in sie eintreten konnte und die als »Aggada« einem Text und seinem »Sinn« ihre »Halacha« hinzufügte. Wie wäre es, wenn auch jener hinzugefügte Vers eine »Aggada« enthielte? Sie kann nicht re-konstruiert werden, sondern nur geträumt. So ist die folgende »Geschichte im aggadischen Ton« ein Lückentext, der den (T)Raum zwischen v.3(a) und 5 bedenkt und nach der *Lehre* in der *Leere* fragt. Sie ist — eine Marginalie über eine Lücke — in dem, was sie erzählt, zugleich ein Plädoyer für die winzige Unterbrechung der Gewalt, die — ohne je den Widerspruch und die Zweideutigkeit verlassen zu können — als ›kleiner Sprung‹, als salterello vitale, *sein* kann.

»salterello vitale« oder *»Für einen verschwundenen Engel«* (über Johannes 5,4)

Die himmlischen Heerscharen waren meist damit beschäftigt, sich auf die endgültige Entscheidungsschlacht mit den Heerscharen des Satans vorzubereiten. Die große Aufgabe verlangte alle Kräfte. So kam es, daß nur noch selten ein Engel verfügbar war, wenn es darum ging, das Unheil eines einzelnen Menschen abzuwehren, eine Geburt anzusagen oder einer Eselin den falschen Weg zu versperren. Auch der Herr selbst konnte sich nur noch selten zeigen, denn das nach allen Regeln erforderliche Gefolge befand sich nahezu ständig im Manöver. Doch was zählte das einzelne Unglück gegen das umfassende Unheil, zu dessen Abwehr die Vorbereitungen

Was wäre ein Jona, der aus seiner Geschichte gelernt hätte? Vielleicht einer, der über der Frage nach Recht und Unrecht, Wahrheit und Mehrheitsfähigkeit nicht vergäße, daß noch Leben ist. Einer, der die Realität wahrnähme, ohne ihr als Totalität zu verfallen. Einer, der von Ninive das »vielleicht« lernen könnte, das zweideutige »vielleicht«, das sich der Eindeutigkeit der Moral und ebenso der Kategorie des Verhängnisses entgegenstemmt und die Alternativen zwischen Wahrheit und Leben, Realität und Glück nicht zuläßt. Einer, der helfen könnte, das »vielleicht« der Rettung heute aus der »Resthoffnung« des Kalküls in die »Basishoffnung« von Glauben und Praxis zu verwandeln.

---

auf die letzte Schlacht notwendig waren? Wo es um die Vorbereitung der Rettung der ganzen Welt ging, da mußte die Rettung einzelner armseliger Individuen wohl Aufschub dulden. Doch so sehr die Engel sich auch bemühten, es gelang ihnen nicht, ihre ganze Kraft auf die Vernichtung des Feindes zu konzentrieren. Immer blieb da noch etwas von der alten Heilkraft, etwas, das sich, zufällig zunächst, zeigte, wo immer einer der himmlischen Kämpfer auch nur einen Moment in der Waffenübung innehielt.

Einer der Engel pflegte, wenn er von den Übungsangriffen und den Lanzenattacken erschöpft war, in einem Teich sich zu baden. Einmal war er gerade in den Teich eingetaucht, als ein Aussätziger seine Schmerzen mit dem Wasser des Teiches zu lindern suchte. Es versteht sich, daß der Aussätzige sogleich rein wurde.

Der Engel dachte nach: Und wenn er sich zur Regel machte, in diesem Teich zu baden? Wenn er darauf achten würde, gerade dann seine heilende Kraft auf das Wasser zu übertragen, wenn ein Gebrechlicher, ein Lahmer, ein Blinder, einer mit der schwarzen Galle oder ein Wahnsinniger ins Wasser stiege? Wäre es denn nicht besser, wenigstens einige zu heilen, als alle Kraft auf den letzten Kampf gegen das Unheil zu richten, so lange, bis zuletzt keiner mehr da wäre, der noch vor den Heerscharen des Satans zu retten wäre? Der Engel kannte seine Befehle, er kannte auch die Logik, die hinter diesen Befehlen stand. Er wußte, wie gefährlich es war, gegen den Kampf ums Ganze einen Weg der kleinen Schritte zu setzen. Allein die Möglichkeit der kleinen Wunder würde die Menschen lähmen, sie ablenken von dem, worauf es zuletzt ankam. Er wußte ja auch, daß seine Kraft nicht ausreichen würde, alle einzelnen Leiden zu heilen, so daß aus den vielen einzelnen Heilungen zuletzt noch die Rettung des Ganzen würde. Nein, der Engel wußte, daß er sich von seiner kleinen Erfahrung in der

Erholungspause nicht verleiten lassen dürfte, von seiner Aufgabe abzulassen.

Allerdings wäre es ja etwas anderes, die Aufgabe der Einübung in die Vernichtung der satanischen Feinde mit *solcher* Kraft zu betreiben, sich *so* zu verausgaben, daß öfter einmal eine Erholungspause, ein erfrischendes Bad erforderlich wäre – das müßten die Vorgesetzten doch einsehen. So kam es, daß jener Engel in unregelmäßigen Abständen, doch immer wieder in den Teich stieg. Wer ihm als erster folgte, der wurde gesund. Man konnte weder die Zeiten ausrechnen noch sich vorbereiten. Manchmal hatte man den Eindruck, als kräusele sich das Wasser öfter, wenn gerade einer der ganz Kranken in der Nähe war, doch zu anderen Zeiten schienen sich die Kräftigsten durchzusetzen. Der Engel achtete sogar darauf, daß sich die Sache nicht allzusehr von den Regeln des wirklichen Lebens unterschiede. Das war natürlich wegen der Mißverständnisse. Nichts sollte ablenken von der Notwendigkeit der Vorbereitung des letzten Kampfes gegen das Böse. Niemand – weder am Teich noch gar im Himmel – sollte meinen, es gebe eine wirkliche Rettung, ein richtiges Leben im falschen, schon hier, vor jenem Kampf. Und doch gab es kleine Unterschiede zum richtigen – ich meine: zum gewöhnlichen – Leben: Wer *da* keine Chance hatte, hatte am Teich immerhin eine kleine, wer da keine Hoffnung mehr hatte, war am Teich nicht ganz hoffnungslos. So blieb das Ganze eine sehr instabile Angelegenheit. Die Vorgesetzten unseres Engels erkannten bald, was am Teich geschah und ließen's zu – solange nicht alle Ordnung auf den Kopf gestellt würde. Der Engel wußte um den Widerspruch, daß er sich im Manöver hervortun mußte, gerade um seine kleine Kritik an den Regeln und Zielen des Manövers anbringen zu können. Viele der Kranken wußten, daß es gefährlich war, sich auf das Hoffen und Warten einzulassen – statt zum Arzt zu gehen, statt mit der Krankheit leben zu lernen, statt sich zusammenzureißen, statt ... statt ... statt. Und doch hatte jene gänzlich widersprüchliche, ebenso auf himmlische Kraft wie auf irdischem Schein aufgebaute Szenerie ganz reale Momente: Einige *wurden* geheilt. Man fragte nicht viel nach dem Sinn und noch weniger nach dem Zweck. Aber: einige *wurden* geheilt. Man durfte nicht allzu streng nach der Gerechtigkeit fragen – aber: einige *wurden* geheilt.

Eines Tages kam der Rabbi aus Galiläa und zerschlug mit Strenge und Scharfsinn das ganze Gebäude. Er erkannte, daß der kleine Zauber manchen davon abhielt, gesund werden zu wollen. Er sprach sein Machtwort – und heilte damit einen. Übrigens wäre es nicht weiter schlimm gewesen, daß in der Aufregung keiner bemerkte, wie der Engel just zur selben Zeit seine Chance vermittelte – die keiner wahrnahm. Denn auch das Wasser hätte nur einen heilen können, so war's eben diesmal ein anderer. Nicht das betrübte den Engel – er hatte sich ja auch manchmal versucht im »corriger la fortune« (aber was sollte er tun bei einem Kranken, der sich schon ins Zu-spät-Kommen gewöhnt hatte...). Nein, das war es nicht, was den

Mit Kassandra stünde ein solcher Jona dafür, daß die winzigste Unterbrechung von Gewalt mehr wiegt als die Stimmigkeit eines Systems.

Kassandras Stimme ist so groß, weil sie nichts mehr für sich erhofft; Jonas so große Stimme wird klein, sobald er seine eigenen Lebenswünsche zuläßt und lernt, daß noch Leben ist und Leben sein soll.

Jetzt könnte er begreifen, warum er nur als falscher Prophet ein wahrer Prophet sein konnte.

Deshalb gilt Kassandra meine Bewunderung und Jona meine Sympathie. Meine Hoffnung aber liegt bei Ninive.

Engel betrübte. Eher schon, daß die Entlarvung durch den Rabbi aus Galiläa *so* perfekt gelungen war, daß sich keiner mehr traute, dem Engel ins Wasser nachzusteigen. Stattdessen diskutierte man über den Sinn und Zweck von Wundern. Einer war gesund geworden (anders als die zuvor) – was bedeutet das? Die Frage nach der Bedeutung wurde so wichtig, daß man bald vergaß, daß nun keiner mehr am Teich gesund wurde. Einmal versuchte der Engel das Wasser besonders stark aufzuwühlen, damit es jemand bemerkte und sich erinnerte – vielleicht gerade jetzt einer der ganz Kranken. Er hörte nur noch, wie einer der Gelähmten einem Blinden erklärte: Das Wasser wirft heute starke Wellen – der Winter wird heuer früh kommen. Und dann diskutierten sie weiter. Daß es eine Bedeutung gehabt habe – damals mit dem Gelähmten – und daß es eben darauf ankomme, selbst etwas zu tun, etwas zu wagen – wie jener damals – so diskutierten sie und erklärten und lagen da und redeten über den Sinn und die Bedeutung. Das verdroß den Engel schon mehr. Aber wenn er ganz ehrlich war, dann gab er zu, was ihn am meisten betrübte. Das war, daß die Vorbereitung auf den letzten Kampf mit dem Satan ihm keine Freude mehr machte – so ganz ohne die »kleinen Sprünge«, die belebenden Unterbrechungen am Teich.

WIDERSPRUCH, SCHRECKEN UND TROST

Zu Michelangelos Jona

Unter den Darstellungen des Propheten Jona nimmt das Fresko des
Michelangelo Buonarroti an der Decke der Sixtinischen Kapelle in
Rom eine besondere Stellung ein. Auch dieser Jona ist durch Fisch
und Kürbisranke[1] traditionell gekennzeichnet, doch ist Michelangelos Jona nicht ›auf die Sache mit dem Fisch‹ reduziert. Michelangelo stellt einen streitenden Jona dar, einen, der mit aller Kraft den
Widersprüchen widerspricht. Welche Bibellektüre steht hinter *diesem* Jona? Und umgekehrt: In welcher Weise ist *dieser* Jona selbst
ein Stück Auslegung der Bibel?

Um diesen Fragen nachzugehen, ist zunächst ein Blick auf die
Konstellation erforderlich, in der Michelangelos Jona steht. Denn
die Gesamtkomposition der Propheten- und Sibyllengestalten der
Decke der Sixtina repräsentiert ihrerseits eine programmatische
Weise der Lektüre der Bibel und der christlich gelesenen Zeugnisse
der Antike, vor allem aber der Verbindung von Bibel und Antike.
Die Konfiguration von Propheten und Sibyllen kann deshalb als
Vor-Bild für eine Konfiguration zwischen Jona und Kassandra gel-
ten.

Fragen wir also zunächst nach der Konstellation der Propheten
und Sibyllen in den Deckenfresken der Sixtina, unter denen wie-

---

1 Zum Verständnis der qīqājōn-Pflanze s. o. S. 26.

derum Jona einen besonderen Rang einnimmt. Michelangelo malte die zwölf Sehergestalten, die die in der Mitte der Decke angeordneten Bilder aus der Urgeschichte auf allen vier Seiten umrahmen, zwischen 1508 und 1512. Die Jonadarstellung ist dabei die zuletzt gemalte des Zyklus.[2] Hatte der Auftraggeber, Papst Julius II. (Giuliano della Rovere), zunächst eine Darstellung der zwölf Apostel gewünscht, so setzte Michelangelo bald seinen anspruchsvollen Plan durch.[3] Vorgegeben blieb vom ursprünglichen Plan die Zwölfzahl. Die zwölf Sehergestalten, die Michelangelo an Stelle der Apostel malt, stellen eine Verbindung biblischer und antiker Überlieferung dar, wie sie für die Renaissance programmatisch ist. Die biblische Tradition wird durch alttestamentliche Propheten repräsentiert; für die (christlich rezipierte) antike Orakeltradition stehen die Seherinnen, die bereits in römischer Zeit unter dem zur »Berufsbezeichnung« gewordenen Namen Sibylle(n) klassifiziert wurden.[4] War diese Verbindung programmatisch, so mußte, jedenfalls in der thematischen Ausstattung einer Kirche, in einer Konfiguration von Propheten und Sibyllen der biblischen Seite der Vorrang bleiben. Damit dürfte zusammenhängen, daß Michelangelo (bei vorgegebener Gesamtzahl) sieben Propheten und fünf Sibyllen malt. An den Längsseiten sitzt jeweils ein Prophet neben einer Sibylle, wobei auf der (rechten) Nordseite drei Propheten und zwei Sibyllen und auf der (linken) Südseite drei Sibyllen und zwei Propheten dargestellt sind. (s. die Skizze u. S. 134) Auf diese Weise sitzen an den beiden

---

2 Vasari nennt die Jonagestalt »l'ultima figura della capella«.
3 Zur Entstehungsgeschichte und Interpretation der Deckenzyklen vgl. *Die Sixtinische Kapelle*, mit Beitr. v. A. Chastel u. a., Tokio 1986 (dt. Ausg. Zürich 1986), dort bes. J. O.'Malley S. J., *Das Mysterium der Deckengemälde*, S. 92—148, Anm. u. Lit. S. 268. An älterer Literatur sei genannt C. Justi, *Michelangelo. Beiträge zur Erklärung der Werke und des Menschen*, Leipzig 1900 (Neudruck der 2. Aufl., Berlin 1922, München o. J. — zitiert im folgenden nach diesem Neudruck); H. Thode, *Michelangelo, Kritische Untersuchung seiner Werke I*, Berlin 1908, bes. S. 349 ff.; Ch. de Tolnay, *Michelangelo*, 6. Bde., Princeton 1943 ff.; E. Wind, *Michelangelo's Prophets and Sibyls*, Proceedings of the British Academy 51 (1965) S. 47—84; R. Salvini, *The Sixtine Chapel*, 2 Bde., New York 1965 (dort im Appendix von E. Camescasa zum 1. Bd. eine Diskussion der älteren Interpretationen); R. Kuhn, *Michelangelo. Die Sixtinische Decke*, Berlin 1975.
4 S. u. Anm. 7, 8.

Längsseiten Propheten und Sibyllen jeweils einander gegenüber. Besteht insoweit Ausgewogenheit, so ist der Primat der Bibel dadurch gekennzeichnet, daß die beiden Schmalseiten der Decke je ein Prophet einnimmt. Über dem Altar (und damit später zugleich über dem 1541 fertiggestellten »Jüngsten Gericht«) sitzt Jona. Bevor wir nach dem Grund dieser herausgehobenen Stellung Jonas fragen, bedarf es einiger weiterer Hinweise auf die Gesamtkonzeption.

Setzen wir noch einmal ein beim Verhältnis der sieben Propheten zu den fünf Sibyllen. Über die genannten Gründe hinaus dürfte den Zahlen sieben und fünf eine weitere Bedeutung zukommen, auf die E. Wind[5] hingewiesen hat. Wind verbindet die Siebenzahl der Propheten mit den (in der lat. Tradition) sieben Gaben des Geistes JHWHs nach Jes 11,2 f. (sapienta, intellectus, consilium, fortitudo, scientia, pietas, timor Dei. Dabei kommt die »Gottesfurcht« in Winds Zuordnung der Geistesgaben zu den einzelnen Propheten Jona zu). Bezieht sich nach Winds Hinweis die Siebenzahl der Propheten und ihrer »Gaben« auf Jes 11, so sieht er in den fünf Sibyllenbildern eine Darstellung der fünf Charismen der Gemeinde nach 1 Kor 14,26. Paulus nennt hier die fünf Gaben (in der lat. Tradition: psalmus, doctrina, apocalypsis, lingua, interpretatio), die gemeinsam den Aufbau (aedificatio) der Kirche bewirken sollen. Auch wenn Winds Versuch der Zuordnung dieser Charismen zu den Sibyllendarstellungen Michelangelos noch Fragen offen läßt[6], bleibt das Verständnis der Bilder als umgesetzte Bibellektüre überzeugend. Bereits hier zeigt sich, daß der Deckenzyklus der Sixtina einem theologischen, geradezu exegetischen Programm folgt, auch wenn ungeklärt ist, ob und wie weit Michelangelo dieses Programm selbst entworfen hat oder ob er (was wahrscheinlicher ist) einer theologischen »Beratung« folgte.

Die Konfiguration von Propheten und Sibyllen als den jeweiligen Repräsentanten biblischer und antiker Inspiration fußt auf antiker Tradition. War »die Sibylle« zunächst eine Seherin, deren Orakelpraxis verschiedene Orte des Altertums für sich in Anspruch nahmen, so wurde aus dem Namen bald eine Berufsbezeichnung *meh-*

---

5 S. o. Anm. 3.
6 Vgl. die Kritik Kuhns (s. o. Anm. 3), S. 154 ff.

rerer »Sibyllen«, unter denen u. a. die Sibylle von Erythraea (im jonischen Kleinasien), die von Cumae (in Unteritalien), die tiburtinische und die libysche Sibylle einen besonderen Rang einnahmen. Aber auch die Pythia von Delphi konnte zu den Sibyllen gezählt werden. In Rom bewahrte man auf dem Kapitol »sibyllinische Orakel« auf, die in besonderen Zeiten befragt wurden.[7] Als sie im Jahre 83 v. Chr. beim Brand des Kapitols vernichtet wurden, konnte man sie bereits durch verschiedene Abschriften, z. T. aus Privatbesitz, ersetzen. Sie waren also bereits in dieser Zeit recht verbreitet. Später kursierte eine Vielzahl solcher sibyllinischer Orakel. Einige von ihnen wurden zwischen dem 2. Jh. v. und dem 2. Jh. n. Chr. aus jüdischer und später aus christlicher Sicht bearbeitet und fungierten nun als Bindeglied zwischen biblischer und antiker Überlieferung, geradezu als Beweis für die antik reformulierte biblische Wahrheit.[8]

Die folgenreichste Verbindung prophetischer und sibyllinischer Inspiration aber erfolgte noch im »heidnischen« Rom. Es handelt sich um die IV. Ekloge Vergils, einen Augustus verherrlichenden Text, in dem Vergil die Rolle der cumäischen Sibylle auf- und übernimmt. Das von Vergil reformulierte sibyllinische Orakel, das die Wiederkehr des »Goldenen Zeitalters« verheißt, geht seinerseits zurück auf die Utopie vom Tierfrieden in Jes 11.[9] (Abermals begegnet uns dieses Jesajakapitel, das bereits für die Darstellung der sieben Propheten »Pate stand«.) In der »interpretatio christiana« kommt der vergilischen Ekloge seit Konstantin eine Bedeutung zu, die über die überlieferungsgeschichtlichen Beziehungen zwischen Vergil und Jesaja weit hinausreicht. Denn die christlich *gelesene* Ekloge verkündigt (wie die christlich gelesene Verheißung von Jes 11) die

---

7 Vgl. neben dem Art. von A. Rzach in der RE (Pauly-Wissowa) 2 A 2 (1923) Sp. 2103 ff., H. Cancik, *Libri fatales*, in: D. Hellholm (Hg.), *Apocalypticism in the Mediterranean World*, Tübingen 1983, S. 549–576; H. W. Parker, *Greek Oracles*, London 1967.
8 Text bzw. Übersetzung: J. Geffcken, *Die Oracula Sibyllina*, GCS 8, 1902, A. Kurfeß, *Sibyllinische Weissagungen*, München 1951.
9 Vgl. Verf., *Ende des Feindes oder Ende der Feindschaft. Der Tierfrieden bei Jesaja und Vergil*, in: ders., *Ursprung und Ziel*, S. 75–89.

Geburt Christi.[10] Jesaja *und* die Sibylle von Cumae standen von nun an gemeinsam für die Erfüllung der jüdischen und der antiken Verheißungen in Christus und der Kirche. Fast selbstverständlich ist es daher, daß in Michelangelos Deckenfresken die Sibylle von Cumae und Jesaja nebeneinander sitzen. Daß die Cumaea den in der Komposition den Sibyllen zukommenden Mittelplatz einnimmt, kann als »Hommage« an die christlich gewordene »Roma aeterna« verstanden werden.

Die Verbindung von Propheten und Sibyllen geht mithin bereits auf antike Tradition zurück. Sie wurde im Mittelalter erneuert; als besonders eindrücklicher Beleg können die Fußbodenmosaiken des Doms von Siena genannt werden, wo insgesamt zehn Sibyllen mit ihren jeweiligen christologisch verstandenen Verkündigungen die antike Orakelweisheit in einem weltgeschichtlichen Gesamtkonzept repräsentieren.[11] Die Zehnzahl der Sibyllen war bereits im Altertum »kanonisch«[12], doch konnten Zahl und Namen (bzw. Herkunftsbezeichnungen) der Sibyllen schwanken. Im Zusammenhang der in diesem Buch vorgelegten Konfiguration sollte nicht verschwiegen werden, daß in einer der vielgelesenen Nachahmungen der *Divina Commedia*, den in der Mitte des 14. Jh. entstandenen *Dita mundi* des Fazio degli Uberti, als erste der Sibyllen *Kassandra* fungiert. Unter den Zahlen der Sibyllen, auf die Michelangelo zurückgreifen konnte, war die fünf nicht belegt. Es handelt sich bei den Sibyllen der Sixtina also um eine bewußt getroffene Auswahl entsprechend den dargestellten Propheten. Über die Frage nach dem Grund der Fünfzahl hinaus ist zu überlegen, warum es *diese* fünf sind. Denn Michelangelo wählt offenkundig nicht die fünf bedeutendsten Sibyllen und ebensowenig die, die an diesem Ort zu

---

10 Zur Auslegungsgeschichte der Ekloge vgl. H. Naumann, *Das Geheimnis der Vierten Ekloge*, AU 24/5 (1981) S. 29–49; ferner die in Anm. 9 genannte Arbeit.

11 Vgl. dazu den materialreichen Aufsatz von F. Ohly, *Die Kathedrale als Zeitenraum. Zum Dom von Siena* (1972), in: ders., *Schriften zur mittelalterlichen Bedeutungsforschung*, Darmstadt 1977, S. 171–273.

12 Die Zehnzahl der Sibyllen findet sich bei Varro; später wurde sie entsprechend der Zahl der Apostel und der »Kleinen Propheten« auf zwölf erhöht.

erwarten sind. So fehlt die hochberühmte tiburtinische Sibylle, die man gerade in der Tiberstadt vermissen könnte. Der Grund der Auswahl dürfte in einer geographischen, der Grund der Reihenfolge in einer historischen Konzeption liegen. Jede der Sibyllen repräsentiert eine der fünf Weltgegenden: die Libyca steht für Afrika, die Persica für Asien, die Cumaea für Italien und Rom (wodurch für die Tiburtinische Sibylle kein Platz bleibt), die Erythraea für das jonische und die Delphica für das europäische Griechenland. Ihre Reihenfolge – vom Altar in Zickzacklinie bis zum Eingang gesehen – entspricht (nach der Vermutung Justis[13]) der zeitgenössischen Vorstellung über das Auftreten der jeweiligen Völker in der Geschichte.

N

Jeremia	Persica	Ezechiel	Erythraea	Joel

W   Sacharja
(Altar)   (Tür)
Jona   O

Libyca	Daniel	Cumaea	Jesaja	Delphica

S

Schwieriger als die Frage nach der Auswahl und Reihenfolge der Sibyllen ist die nach Auswahl und Anordnung[14] der Propheten zu

---

13 S. 80, vgl. 128 f.
14 Die Anordnung der Propheten ist schwierig zu deuten. Die Versuche einer zeitlichen Anordnung z. B. bei Justi und Kuhn (s. o. Anm. 3) kranken an Ungereimtheiten der Eintragung gegenwärtiger Datierungen der Prophetenbücher in die Zeit Michelangelos. Wenn Kuhn (S. 47) die Lebens- und Wirkungszeit des Jona als 5. Jh. angibt, dann referiert er damit eine Forscheransicht über die Entstehungszeit des Buches. Für Michelangelo als Bi-

beantworten. Wie bei den Seherinnen mußte Michelangelo auch bei den Propheten aus einer größeren Zahl eine Wahl treffen. Wenn aus verschiedenen Gründen die Siebenzahl und darüber hinaus die Beschränkung auf die »Schriftpropheten« festlag, so kann die Aufnahme der großen Propheten Jesaja, Jeremia und Ezechiel nicht wundernehmen. Zu den »Großen Propheten« gehört in der Tradition auch Daniel. Ihm kommt im Zusammenhang der Konfiguration biblischer und antiker Weissagungen noch einmal eine besondere Rolle dadurch zu, daß die Kap. Dan 2 und 7 im christlich gewordenen römischen Reich als Fahrplan der Weltgeschichte und vor allem als göttliche Legitimation des römischen Reiches als des vierten und letzten der Weltreiche gelesen wurden.[15] Das scheint mir der Grund dafür, daß Daniel wie Jesaja nächst der cumäischen Sibylle sitzt.

Warum aber haben von den »Zwölf Kleinen Propheten« diese drei, Jona, Joel und Sacharja einen »Sitz« im Seherkollegium der Sixtina bekommen? Beginnen wir bei Joel, der zu den zehn der Längsseite gehört. Seine Wahl dürfte kaum mit der Bedeutung des Joelbuches im Kanon der hebräischen Bibel zusammenhängen, vielmehr mit der neutestamentlichen Bezugnahme auf Joel, die an her-

---

belleser (den Kuhn doch ausweislich der eigenen Einleitung vor allem erfassen will) ist der Jona des Buches ohne Frage der in 2 Kön 14 genannte und eindeutig der Zeit Jerobeams II. historisch zugeordnete Jona ben Amittai (vgl. z. B. auch Luthers Vorrede zum Jonabuch in der Bibelübersetzung). Jona also ist eindeutig der älteste der sieben Propheten. Durchaus nicht solche Schnitzer der immanenten Logik bietet Justi, doch ist auch seine Argumentation, etwa im Blick auf Joel (S. 83) unscharf. Eine zeitliche Anordnung der sieben Propheten ist kaum zutreffend. Eher liegt die Anordnung auf der Interpretations- und Programmebene. Für die Südseite ergibt sich aus der Zuordnung von drei Sibyllen und zwei Propheten bei Zentrierung der Cumaea und programmatischer Nähe Jesajas und Daniels die Anordnung fast von selbst. (Zur Begründung s. o. Text) Für die Nordseite könnte man an die Zentralstellung Ezechiels wegen seiner Tempelvision denken. Die Gegenüberstellung von Ezechiel und »Rom« würde diesem »Tempel« etwas vom Rang des ezechielischen geben. Hier bleiben aber viele Fragen offen. Die Orte des Sacharja und des Jona sind dagegen eindeutig programmatisch-exegetisch begründet.
15 Vgl. Verf., *Apokalypse. Zum Ursprung einer Stimmung*, in: *Einwürfe 2*, München 1985, S. 5–61, bes. S. 33 ff.

ausragender Stelle erfolgt. Mit einem langen Joelzitat beginnt nämlich die »Pfingstpredigt« des Petrus nach Apg. 2,14 ff. Sowohl die Anknüpfung an Pfingsten als Ursprung der Kirche als auch die an die Rede Petri dürfte diesem Propheten seinen Ort in einer Papstkirche begründen. Ein zweiter Grund mag in der Vision vom Gericht über die Völker im Tal Josafat (Joel 3) gefunden werden, zumal dieses Motiv in Dantes *Inferno* (10,11) zitiert ist.[16]

Die mehrschichtige Begründungsmöglichkeit der Rezeption, wobei der neutestamentlichen Prophetenlektüre die größte Bedeutung zukommt, aber auch die italienisch-römische Gegenwart ihren Ort hat, finden wir in Wahl und Ort des Sacharja wieder. In der hebräischen Bibel ist er — zusammen mit Haggai — der Prophet des Wiederaufbaus des Tempels. Justi nennt eine Reihe von Gründen, aus denen die zeitgenössische Rezeption die Worte dieses Propheten gerade in der Zeit und Person des Auftraggebers der Fresken wiederfinden konnte. Er kann sich dabei u. a. auf die Predigten Savonarolas über Sacharja beziehen als auch (noch überzeugender) auf Julius’ II. Bau des neuen Tempels, nämlich die kurz vor dem Beginn der Ausmalung der Sixtinischen Decke erfolgte Grundsteinlegung des Neubaus der vatikanischen Basilika Konstantins.[17] Entscheidend für Aufnahme und Ort des Sacharja dürfte aber wiederum die neutestamentliche Lektüre sein. Auf Sach 9,9 gehen die besonderen Umstände des Einzugs Jesu in Jerusalem (»demütig ist er und reitet auf einem Esel, auf dem Füllen einer Eselin«) zurück; das Sacharjazitat findet sich explizit in Matth 21,4 und sachlich in den parallelen Evangelienberichten. Die neutestamentliche Rezeption bestimmt daher zugleich den Ort dieses Propheten über dem *Eingang* der Kirche.

Ihm gegenüber sitzt Jona, über dem Altar, einen Sonderplatz einnehmend. Auch der Ort des Jona ist von der neutestamentlichen Jonalektüre her bestimmt. Nach Matth 16,4; Luk 11,29 f. nennt Jesus selbst »das Zeichen des Jona« als das einzige, das den zeichenbegehrenden Pharisäern (bei Lukas dem Volk) gegeben werden wird. Luk 11,30 treibt die Parallele Jona-Christus noch weiter: »Denn wie Jona den Niniviten ein Zeichen war, so wird es des

---

16 Angeführt von Justi, S. 121.
17 Justi, S. 123 ff.

Menschen Sohn diesem Geschlecht sein.« Jona also ist Vorbild Christi, und zwar als Person, in dem, was an ihm und seinem Leben demonstriert wird. Nicht auf die Worte des Propheten, sondern auf das Leben und die Person dieses Propheten zielt hier die neutestamentliche Rezeption. Michelangelo bringt diese Sonderstellung nicht nur durch den besonderen Ort des Jona über dem Altar zum Ausdruck, sondern ebensosehr dadurch, daß Jona als einzige der Sehergestalten kein Buch und keine Schriftrolle trägt. Damit aber ist Michelangelos Darstellung nicht allein eine angemessene Aufnahme der neutestamentlichen Jonarezeption, sondern zugleich eine verstehende Interpretation der alttestamentlichen Jonaerzählung selbst, in der (für Ninive und anders, aber nicht minder, für Jona selbst) nicht der Inhalt des prophetischen Wortes, sondern die Frage, was es für das Leben bedeutet, im Zentrum steht. Als Prophet für die Heiden verbindet Jona darüber hinaus noch einmal die jüdische und die pagane Welt der Propheten-Sibyllen-Konfiguration der Sixtina.[18]

Nicht nur der Ort, sondern auch eine Reihe von Besonderheiten der Darstellung und der in sie eingegangenen Bibellektüre läßt Jona im Deckenzyklus als einzigartige Figur erscheinen. Michelangelos Jonalektüre führt zu einer Darstellung, die ihrerseits als Interpretation des biblischen Buches erblickt werden kann. Mehr als eine Illustration einer biblischen Geschichte ist das Jonabild selbst eine Weise der Exegese. *Dieser* Jona ist kein Sujet traditioneller Bildthematik wie der Jona der frühchristlichen Sarkophage und kein Exemplar der Gattung ›Prophet‹ wie der Jona mittelalterlicher Prophetenfiguren, dieser Jona ist vollends kein Objekt eines auf die Sache mit dem Fisch reduzierten Mirakels. Michelangelos Jona ist ein leidenschaftlicher und leidender, ein niedergeworfener und aufsässiger Mensch. Er hat, vergleicht man ihn mit der traditionellen Typik von Prophetendarstellungen, aber auch mit den übrigen elf Sehergestalten im Zyklus des Michelangelo, nichts von einem abge-

---

18 Die Programmatik der Bilder der Sixtina erschließt sich, wie vor allem Wind (s. o. Anm. 3) aufweist, noch einmal im Blick auf die Zuordnung von Decken- und Wandbildern. So steht Jona (korrespondierend mit Matth 12,38 ff.) über dem »Jüngsten Gericht« (vgl. Wind, bes. S. 55 f.).

klärten Seher und wenig von einem glühenden Visionär. Jona wirkt in diesem Kollegium seltsam derb, fast bäurisch. »Das Befremdliche dieser Jünglingsfigur«, heißt es in Justis Beschreibung[19], »mit dem runden, feisten Gesicht, ihr vulgärer Charakter in Physiognomie und Stellung wird auf die Spitze getrieben durch diese plebejische Fingersprache, mit der er, zähnebleckend, seine Beschwerden zum Himmel hinaufschreit.«

Ein schreiender, streitender Jona – hier ist ein Prophet dargestellt, dem die Rettung aus dem Fischbauch gerade nicht zur Lösung seiner Zerrissenheit zwischen Auftrag und Geborgenheitswunsch werden kann, sondern zur kaum erträglichen Zuspitzung dieses Widerspruchs. Der Fisch selbst (wie in Jon 2 so auch in diesem Bild kein *Wal*fisch[20], sondern ein »großer Fisch«, wie er sowohl im hebräischen als auch im lateinischen Text heißt) ist doppeldeutig dargestellt. Vorn wirkt er wie ein großer gemütlicher Karpfen, der mit seinem moosigen Grün das ganze Bild tingiert[21], sein nach hinten verschwindender gewaltiger geringelter Schwanz jedoch gemahnt an die Verwandtschaft dieses Meerestieres mit den großen Meeresdrachen, dem Leviathan und den »tanninim« (Gen 1,21) der hebräischen Bibel.

Zugleich mit dem großen Fisch von Jona 2 ist auf dem Fresko die Kürbisranke von Kap. 4 präsent; das Bild kann das in der Geschichte nacheinander Erzählte zugleich zeigen (ein Vorzug der

---

19 Justi, S. 86.
20 Kuhn (S. 52) erkennt »den Walfisch« von Jona 2,1 ff. Erkennt er auf Michelangelos Bild einen Wal, *obwohl* der biblische Text (der hebräische, der griechische und der lateinische!) von einem Wal kein Wort spricht? Oder erkennt er auf dem Bild einen Wal *wieder*, weil, wie jedermann weiß, Jona von einem Wal verschluckt wurde? Warum dann aber überhaupt noch der Versuch, das Vor-»Wissen« mit dem biblischen Text zu »belegen«? Es könnte immerhin sein, daß Michelangelos Bibellektüre sorgfältiger war als die des Verfassers einer wissenschaftlichen Monographie über Michelangelos Bibellektüre... (s. auch o. Anm. 14).
21 Heute etwas über die Farben zu sagen, ist ein Wagnis. Die begonnene Restaurierung, bzw. Reinigung der Bilder verändert Farben und Eindruck der Fresken von Grund auf; vgl. dazu die Beiträge von F. Mancinelli über die Farben Michelangelos und G. Colalucci über die Methoden der Restaurierung in dem in Anm. 3 genannten Band über die Sixtina, Tokio bzw. Zürich 1986.

bildlichen vor jeder sprachlichen Konfiguration). So ist auch nicht ausgemacht, ob der dargestellte Jona selbst der von Kap. 1 ist (zerrissen zwischen Auftrag und Flucht, Ninive und Tarschisch), der von Kap. 2 (gerettet und gerade dadurch wieder an den Anfang zurückgeworfen) oder der von Kap. 3 und 4 (erfolgreich und gerade dadurch zum falschen Propheten geworden). Für jede dieser im Jonabuch nacheinander erzählten (und doch verbundenen) Zweideutigkeiten könnte diese Jonadarstellung stehen, jede dieser Zerrissenheiten könnte durch die doppeldeutige Haltung Jonas und durch die gegenläufig ausgestreckten Finger versinnbildlicht sein. Doch wäre die Frage, welchen Punkt in der Jonageschichte Michelangelo so darstellt, auf der Ebene falscher Alternativen gestellt. Denn das Bild bringt zusammen, was sich in der Erzählung im Nacheinander entfaltet und zuletzt *ein* Problem ist. Die Zerrissenheit zwischen Ninive und Tarschisch, zwischen Flucht und Auftrag, zwischen richtigem, aber tödlichem und lebensrettendem und eben dadurch falsch gwordenem Wort ist dieselbe. Michelangelo malt Jona in dieser Zerrissenheit. Sie zeigt sich in der Körperhaltung, deren technisch brillante Darstellung die Zeitgenossen rühmten.[22] Doch die rückwärts gebogene Haltung der Figur ist mehr als ein perspektivierendes Kabinettstück; sie ist Interpretation, die ihrerseits ambivalente Deutung evoziert. Der Prophet ist wie von einer Macht zurückgeworfen; nur noch die Zehen des linken Fußes haben Bodenberührung. Jona blickt zum Himmel mit wie zum Schrei geöffnetem Mund, als ob von dort die Gewalt käme, die ihn niederdrückt. Aber zugleich nimmt er die Haltung dessen ein, der sich zurücklehnt und mit den Armen noch weiter nach hinten angreift, wie wenn er aus der Rückwärtsbeugung die Kraft gewinnen wollte, ein Wurfgeschoß nach vorn und nach oben zu schleudern, wobei er das Ziel seiner Attacke fest im Auge hat. Dieser Jona ist einer, der von Gottes Gewalt niedergedrückt ist, und zugleich einer, der es – wie Diomedes vor Troja – mit der göttlichen Gewalt aufzunehmen bereit ist.

Ambivalenz, Zweideutigkeit, Widerspruch, »zugleich«, »und« – die Leitworte der Interpretation der Jonageschichte sind auch die Worte, mit denen der Jona Michelangelos zu beschreiben ist. Zwei-

---

22 Vgl. dazu kritisch Justi, S. 87.

deutig ist der Fisch: fast begütigend legt er das Maul auf Jonas Oberschenkel und zugleich bleibt er verschlingendes Ungeheuer; zweideutig ist die Darstellung der Kürbisranke: sie ist grün und schattenverheißend und schon vom Wind gekrümmt und an ihren Spitzen bereits grau verdorrt; zweideutig die Jonagestalt selbst: Jonas Widerspruch kulminiert in der Haltung der Hände. »Die Mimik dieser Hände ist ... bestimmt genug, um einen Aufschluß über des Künstlers Intention zu geben. Beide einander gegenübergestellte Hände machen dieselbe Bewegung; die Finger sind gekrümmt wie bei der hohlen Hand, aber die beiden Zeigefinger ausgestreckt und ebenfalls einander konfrontiert, wie man an den nach außen stehenden Nägeln erkennt. Dies ist ... bei den Italienern der noch heute übliche Gestus der Streitrede.«[23] Jonas Widerspruch, den er, indem er ihm widerspricht, auflösen will, hat in der Erzählung verschiedene Varianten: Tarschisch und Ninive, Geborgenheit und Auftrag, Sicherheit der Lehre und Offenheit für das ganz Unerwartete, Stimmigkeit der Theologie und Möglichkeit der Rettung, Wahrheit und Leben. Jona ist, wie E. Wind bemerkt, dargestellt »in the dialectial moment of ... arguing with God about Justice and Grace«.[24]

Die Spannung und die Zweideutigkeit der Jonageschichte, die Michelangelos Jona ausdrückt und damit exegesiert = herausführt, ist noch einmal bezeichnet in den beiden kleinen Figuren, den Genien, die Jona wie die übrigen Propheten und die Sibyllen begleiten. Man kann diese Genien am ehesten als Ausdruck der inneren Bewegung der Seher(innen) verstehen. In den meisten der zwölf Fälle bleiben sie poetischer Oberton zum Düster-Visionären.[25]

---

23 Justi (S. 88) mit Verweis auf Jorio, *La mimica degli Antichi*, S. 188; vgl. auch M. Baxandall, *Die Wirklichkeit der Bilder*, Frankfurt a. M. 1977; Sonderausgabe Frankfurt a. M. 1987, S. 73 ff.; ferner Wind, S. 55 f. (Der Einwand von Thode, S. 349 ff., bei den zum Vergleich herangezogenen Darstellungen und Gesten handele es sich um eine parallele Fingerhaltung, sticht nicht. Im Gegenteil: die nochmalige Drehung in der Fingerhaltung verstärkt die Widersprüchlichkeit.)

24 Wind (S. 55), der in der Beschreibung des Bildes viel vom biblischen Jona erfaßt, wenn er Michelangelos Jona »unbalanced« nennt (S. 73) und von seinem »disequilibrium« (S. 55) spricht.

25 Diese Deutung bei Justi (S. 81 f.) ähnlich, jedoch mit Verweis auf die Rede von den Prophetengeistern in 1 Kor 14, Kuhn, S. 50 ff.

Manche der Genien wirken spielerisch; dem Daniel dient einer als »Schreibpult«, Jeremia begleiten sie in melancholischem Gleichklang, bei Joel und neben der libyschen und der delphischen Sibylle wirken sie wie mit sich selbst beschäftigt, hinter der Cumaea und bei Sacharja umarmen sie einander verspielt. Lediglich bei Jesaja und Ezechiel scheinen sie in die Vision des Propheten eingebunden. Die beiden Figuren neben und hinter Jona nehmen in der Reihe — wie Jona selbst — eine besondere Rolle ein. Die hintere Figur eines Knaben drückt mit dem nach oben und vorn erhobenen Arm und den ausgebreiteten Fingern wie mit dem vom Wind ergriffenen flügelartigen Gewand äußerstes Erstaunen und Erschrecken aus. Ist es das verwunde(r)te Erstaunen derer, die nach den Evangelienberichten nach einem Wunder Jesu als Augenzeugen sich entsetzten? Oder ist es ein Gestus, der dem Jona »Halt ein!« zuzurufen scheint? Reagiert dieser erstaunte Knabe auf den geretteten oder auf den streitenden Jona? Oder erschreckt er über das, was Gott seinem Propheten antut?

Ganz anders die zweite, vordere Figur, »... ein edler Mädchenkopf, von reichem, feinem goldblonden Gelock umrahmt, die Büste vom hellgelben Gewand umhüllt, das der schmale Umriß eines roten Mantels vom Grund abhebt. Auch ihr Kopf ist nach dem Propheten hin gewandt, er scheint aber ebenso wie der Blick, als wage sie nicht aufzusehen, in tiefer Wehmut. ›Una mestissima donna‹, sagt Pistolesi. Es ist aber nicht Trauer, die hier nicht mehr paßte; es ist eher, als schwebe sie in zärtlicher Sorge um den so schrecklich Geprüften, als flehe sie für seine Rettung.« Justis[26] Beschreibung der kleinen Frauengestalt bringt die Gegensätzlichkeit der beiden Figuren zum Ausdruck. Verstanden als Expression dessen, was in Jona vorgeht, steht ihre Gegensätzlichkeit noch einmal für Jonas Widerspruch. In den Schlußsätzen seiner Beschreibung bezieht Justi diesen Gegensatz auf die Prophetie überhaupt: »Lowth nennt in der Schrift über die heilige Dichtung der Hebräer (S. 207) die beiden Pole, um die sich die Prophetie bewegt, *terror* und *consolatio;* diese würden wir also in den Genien der ersten Prophetenfigur versinnbildlicht finden.«

---

26 Justi, S. 88.

Die beiden prophetisch-poetischen Kategorien, die der englische Lordbischof Robert Lowth (1711–1787) in seinem Buch *De sacra poesi Hebraeorum* erkennt,[27] kennzeichnen mit den Figuren um Jona den Propheten selbst. Für Jona aber wurde das »und« zwischen »terror« und »consolatio«, Schrecken und Trost, zum ausschließenden »oder«. Für die Niniviten wurde Jonas Schreckensbotschaft zur Heilsbotschaft; über dieses Umschlagen, das *er* nur als Falsifizierung seines prophetischen Wortes erkennt, ist Jona untröstlich. Daß Jona gerade darin seinen Unterschied zu Kassandra nicht begriffen hat (und darin bis zur offenen Frage am Ende des Buches belehrt wird – und die Leser mit ihm), ist die eine Seite. Daneben behält jedoch Jonas Widerstreben gegen die »Umfunktionierung« von Wahrheit in Didaktik sein Recht und seine Aktualität. Jona wählt nicht die naheliegende Möglichkeit, sich damit zu trösten, er habe ja genau *das* (Umkehr und Umwälzung der Verhältnisse statt Untergang) mit seiner Untergangsansage gemeint und immer schon gewollt. Die Frage, ob ein Prophetenwort »terror« oder »consolatio« bedeute, darf nicht dem freibleibenden Angebot unterliegen. Wenig gewonnen wäre, wenn im Widerspruch zu Jonas Eindeutigkeitsmanie das »und« zwischen Schrecken und Trost zum bloß aufzählenden würde. Das Scharnier, das das Umschlagen von Untergang zur Rettung in Ninive ermöglicht, ist das (in diesem Sinne »transzendentale«) »vielleicht« der Niniviten. Die Kraft, die dieses Umschlagen in Gang setzt, ist die Praxis der Niniviten, ihre Umkehr. Die Bedingung, daß diese Praxis zur Rettung führt, ist jedoch die (in diesem Sinne »transzendentale«) Umkehr Gottes.

Der Blick auf die beiden Figuren bei Jona in Michelangelos Bild kann uns daran erinnern, welcher Art »Schrecken« und »Trost« im prophetischen Wort sind. Es geht um den Schrecken, dessen man *ansichtig wird,* und den Trost, den man *finden* kann. Diese Beobachtung, die sich auf die Haltung jener beiden Genien stützt, ist heute weder banal noch überflüssig in einer Zeit, in der Schrecken und Trost produziert werden. Viele, die den »terror« der wahren Zustände in der Welt nicht wahrnehmen (und sich von den Nach-

---

27 Dritte Aufl. Oxford 1775, *Praelectio XX,* S. 268.

richten bestätigen lassen, der Terror bestehe in einzelnen Terroran-
schlägen...), erschrecken nur noch im Horrorfilm. Ein Genius
»terroris« könnte heute eher im Kinosessel sitzend dargestellt werden. Seine Hand wäre nicht abwehrend ausgestreckt, sondern griffe
beiläufig in die Erdnußtüte. Dafür müßte man heute Frau »consolatio« in geschäftigster Bewegung darstellen. Denn Trost wird heute produziert, weshalb der Kirche die Aufgabe zugeteilt wird,
Hoffnung zu *machen*.

»Terror« und »consolatio«, Schrecken und Trost – könnten beide so zusammengehen, daß der offen ausgesprochene, prophetisch
an den Tag gebrachte Schrecken nicht verschreckt und nicht lähmt,
sondern zur Umkehr führt, und der Trost, der in der Möglichkeit
der Unterbrechung der Gewalt und in der diese Unterbrechungen
ermöglichenden lebenserhaltenden Umkehr Gottes zu *finden* ist,
widerständig macht gegen jede Vertröstung?

Ein »und«, das Schrecken und Trost so verbindet, ist ein naher
Verwandter des »vielleicht« der Niniviten.

Methodische Fragen der Konfiguration

»In jeder Generation«, so heißt es in der Mischna (Pesachim X,5), »ist ein Mensch verpflichtet, sich selbst so anzusehen, als sei *er* aus Ägypten ausgezogen, denn es heißt (Ex 13,8): ›und du sollst es deinem Sohne an jenem Tage so erzählen: (es geschieht) um dessentwillen, was der Herr getan hat an mir, als ich auszog aus Ägypten.‹«

So zu *erzählen* (*higgīd* in Ex 13,8, von diesem Verb die Bezeichnung *Haggada*, aram. *Aggada* für die erzählenden Teile des Talmud[1]) steht jenseits der Alternative zwischen histori(sti)sch-»kritischer« Rekonstruktion und jener Form der Aktualisierung biblischer Texte, die der Materialverwertung gleichkommt.[2] *So* zu *erzählen* bedeutet, in der Erinnerung zwischen dem Erinnerten und der Gegenwart eine *Konfiguration* zu bilden. »Nicht so ist es«, notiert W. Benjamin im *Passagenwerk*, »daß das Vergangene sein Licht auf das Gegenwärtige oder das Gegenwärtige sein Licht auf das Vergangene wirft, sondern Bild ist dasjenige, worin das Gewesene mit dem Jetzt blitzhaft zu einer Konstellation zusammentritt.«[3] Ein solches Bild nennt Benjamin »Dialektik im Stillstand«[4].

Gegenüber dem konfigurativen Bildbegriff vor allem in Benjamins *Passagenwerk* ist die Fragestellung in der hier vorgelegten *erzählenden* Konfiguration verschoben. Die methodologische Aufgabe einer narrativen Konfiguration ist die Verknüpfung der Bildkonstellation mit der jüdischen Erzähltradition. Diese Verknüpfung

---

1 Zum Verhältnis dieser beiden Teile Ch. N. Bialik, *Halacha und Aggada*, in: *Essays*, deutsch, Berlin 1925, S. 82–107; ders., *Zum Einsammeln der Aggada*, ebd. S. 72–81; M. Brod, *Heidentum, Christentum, Judentum*, 2, München 1921, S. 332–354.

2 Zur Methode vgl. Verf., *Ursprung und Ziel. Erinnerte Zukunft und erhoffte Vergangenheit*, Neukirchen-Vluyn 1986.

3 *Gesammelte Schriften (GS)*, hg. v. R. Tiedemann u. H. Schweppenhäuser, Frankfurt a. M. 1972 ff., Bd. V, 1, 1982, S. 576.

4 *GS* V, 1, 577.

dient der Auslegung biblischer Texte *ohne die Illusion,* die Texte der Bibel seien heute so rekonstruierbar und verstehbar, wie sie damals »eigentlich« gemeint waren. Diese Verknüpfung dient aber andererseits zugleich der Auslegung biblischer Texte *ohne die imperiale Aufspreizung* der Gegenwart, als sei sie Herr der Vergangenheit. Nicht um die Aktualisierung der Vergangenheit ist es zu tun, sondern darum, den in den vergangenen Texten aufgehobenen Erfahrungen des gelebten Lebens der früheren Generationen zum Recht zu verhelfen.

Das »Jetzt« muß in die Konstellation mit dem »Gewesenen« eingebracht werden, damit die vergangenen Geschichten heute sprechen können. Das »heute« (im Falle Kassandras und Jonas: die gegenwärtigen Katastrophen, die gegenwärtigen Trojas und Ninives, Umkehr gegen Schicksal heute) wahrzunehmen, ist eine unabdingbare Voraussetzung, die alten Geschichten heute hören zu können. Wer die Gegenwart meidet, wird das Gewesene nicht wahrnehmen können. Benjamin gebraucht (in einer Kritik der »Klassik« des George-Kreises) ein Bild, das zugespitzt die Notwendigkeit bezeichnet, die Gegenwart so in eine Konfiguration mit dem Gewesenen einzubringen, daß sie als Gegenwart verschwindet. Über das »Heute« sagt er: »man muß es fest bei den Hörnern haben, um die Vergangenheit befragen zu können. Es ist der Stier, dessen Blut die Grube erfüllen muß, wenn an ihrem Rand die Geister der Abgeschiedenen erscheinen sollen.«[5] Den Konservativen des George-Kreises wirft er vor: »Statt es zu opfern, meiden sie das Heute.«[6]

Eingebracht in die Befragung der Vergangenheit kehrt das »Heute« wieder, indem »die Geister der Abgeschiedenen« *heute* erscheinen und ihre Geschichte *heute* erzählen.

Auch das Gewesene kommt nur dadurch heute zur Sprache, daß es als Gewesenes verschwindet. »Nicht um die Konservierung der Vergangenheit, sondern um die Einlösung der vergangenen Hoffnung ist es zu tun.«[7] Die Einlösung der vergangenen Hoffnung ein-

---

5 *Wider ein Meisterwerk. Zu Max Kommerell, »Der Dichter als Führer in der deutschen Klassik«* ⟨1928⟩, in: Lit. Welt 1930, GS III, S. 252–259; das Zitat (aufgenommen in die Eingangscollage bei R. Faber, *Der Collage-Essay,* Hildesheim 1979, S. 9) S. 259.
6 ebd., S. 259.

zuklagen, ist nur dem möglich, der den faktischen Verlauf der Geschichte weder in der Vergangenheit noch heute für die ganze Wirklichkeit nimmt. In der Rezension, aus der die zitierten Sätze über das Opfer der Gegenwart stehen, schreibt Benjamin zustimmend: »Der Verfasser« (Max Kommerell) »hielt sich nicht an das Gewesene allein: auch was sich nicht ereignet hat, entdeckt er. Wohlverstanden, er erfindet es nicht – etwa als Phantasiebild –, sondern schlicht und deutlich entdeckt er's, nämlich der Wahrheit nach als ein Nichtgeschehenes. Sein Geschichtsbild taucht aus dem Hintergrund des Möglichen auf, gegen den das Relief des Wirklichen seine Schatten wirft.«[8]

Wer die Vergangenheit (die wirkliche und die mögliche) *erzählend* ins »Heute« einbringen will, der muß schon um der »Transportabilität« willen aus dem gefrorenen Strom der Erinnerung Eisstücke heraussprengen. Ziel ist dabei deren Verflüssigung im »Heute-Erzählen«. Der Wärmestrom des Erzählens[9] vermag das Eis zum Schmelzen zu bringen. Doch neben dem Wärmestrom des Erzählens hat der Kältestrom der Analyse, der Kritik und der Arbeit am Begriff seinen Ort. Die Kälte der Kritik und die »Sympathie« mit den Opfern markieren äußersten Gegensatz und größte Nähe zugleich. Denn man wird sich an den gefrorenen Erinnerungen, sind sie nur kalt genug, die Finger *verbrennen*.

Die Kassandra-Jona-Konfiguration nimmt ihren Ausgang von einer Stelle in E. Blochs *Prinzip Hoffnung*, die ihrerseits als angedeutete Konfiguration gelesen werden kann. In dem *Unabwendbares und wendbares Schicksal oder Kassandra und Jesajas* überschriebenen Kapitel bezeichnet Bloch die Differenz zwischen Schicksals-

---

7 Aus der Vorrede von 1944 in Horkheimer/Adorno, *Dialektik der Aufklärung*, Amsterdam 1947, S. 9 (Neuausgabe Frankfurt a. M. 1979, S. 5).
8 *GS* III, 259.
9 Zum »Wärmestrom« als *einem* Element der Religion H.-E. Bahr, *Ohne Gewalt, ohne Tränen? Religion 1, Religion 2. Integrierende und emanzipierende Funktionen religiöser Sinnvergewisserung in der Gesellschaft*, in: D. Sölle u. a., *Religionsgespräche*, Darmstadt – Neuwied 1975, S. 31–64; H. Deuser, *Zum Religionsbegriff*, in: A. Werner (Hg.), *Es müssen nicht Engel mit Flügeln sein*, München/Mainz 1982, S. 89–97. Zum ›Strom des Erzählens‹ s. Verf., *Ursprung und Ziel*, S. 11 f. Anm. 11.12.

glauben/Moira/Quietismus und dem »offene(n) Raum«, der Verän-
derbarkeit, der Möglichkeit des ersten Schritts in der Bibel:

»Endgültig tritt er« (der Gegensatz zum Schicksalsglauben, J. E.) »erst
in der Bibel selber hervor, und zwar im Verhältnis, worin die *israelitischen Propheten zu Kassandra stehen* und zu dem, was damit zusammenhängt. Der Gegensatz zeigt zugleich, wie sehr der offene Raum,
den der Messianismus darstellt, den geglaubten Gott auch in Ansehung
des von ihm Verhängten ändert. Denn nun ist das Verhängte oder
Schicksal in nichts mehr tyrannisch zum Menschen, wie bei der Moira
und auch beim Astralmythos. Sondern das Schicksal kann durchaus
gewendet werden: vor allem Jesajas lehrt es als von der menschlichen
Moral und ihrem *Entschluß* abhängig. Das ist der aktive Gegensatz
zum griechischen Seher, zu der lediglich passiv-verzweifelten Vision
Kassandras vor allem: Schicksal in der Bibel steht auf der Waage, und
das endgültig entscheidende Gewicht ist der Mensch selbst. Gewiß,
nicht bei allen Propheten und auch bei Jesajas nicht überall gilt das
Schicksal als moralisch wendbar. Zuweilen gilt auch hier das kommen-
de Unheil als Definitives, das mit eisernen Ketten bereits vom Himmel
herunterhängt; Buße bedeutet dann zerknirschte Bereitschaft zur Annahme der Strafe. Aber das unerbittliche Schicksal, das bei den Griechen Regel war, ist in der Bibel Ausnahme; gerade der erste Schritt,
nämlich der zur moralischen Umkehr, *dreht das Verhängnis um.* So
nun erblicke man eine der lehrreichsten Bibelstellen in diesem Be-
tracht: nämlich das *Erstaunen des Propheten Jona*, weil er seinen Unterschied zu Kassandra nicht begriffen hat. Denn Jona war zwar gesandt, Ninive den Untergang nach vierzig Tagen anzukündigen, als die
Stadt aber Buße tat und deshalb das Unheil nicht eintrat, verdroß ihn
das fälschlich sehr (Jona 4,1), als hätte er den Leuten von Ninive
Unwahres gesagt, während doch der Umkehr des Volkes zugleich die
Umkehr Jahwes sich anschließt (Jer. 18,7 f.; 26,3 u. 19): das Schicksal
selber schwankt hier noch. Es ist dergestalt kein kategorisches, sondern
ein durchgehend hypothetisches, und die Bedingung, von der es ab-
hängt, ist doppelt gesetzt. Einmal in der menschlichen Freiheit, deren
Kraft in der Jona-Stelle deutlich als Gegensatz zum Schicksal auftritt.
Sodann aber wirft sich diese Freiheit in den offenen Raum, der dem
Glauben an einen Zeitgott entspricht, an einen Gott mit der Richtung:
›Ich werde sein, der ich sein werde.‹ Da sieht auch das Schicksal nicht
entfernt so statisch drein wie die Moira; das Neue ist dem Unabänder-
lichen ein schlechter Wohnort«.[10]

Konfiguration ist die Erinnerung an Kassandra und Jona über die Anknüpfung an Bloch hinaus in weiteren Bedeutungen. Im Sinne der Benjamin'schen Bestimmung von »Konstellation« und »Bild« gehören Jona *und* Kassandra auf die Seite der in der Konstellation aufblitzenden Erinnerung. Jona und Kassandra unterscheidet mancherlei: Sprache, Geschlecht, Zeit, Ort, vermutlich auch der Grad historischer Existenz. Zu einer *Konfiguration* wird der Vergleich der beiden Sehergestalten, wenn sich der Blick auf *die* Differenzen richtet, die im Lichte gegenwärtiger Gefahr ihre Konturen zeigen.[11]

Die »neue Unübersichtlichkeit« (je)der Gegenwart macht mißtrauisch bereits gegen die Formulierung, man wolle *die Gegenwart* in eine Konfiguration mit Vergangenem einbringen. U. Eco antwortete auf die Frage, warum er seinen Roman *Il nome della rosa (Der Name der Rose)* im Mittelalter und nicht in der Gegenwart spielen lasse: »Die Gegenwart kenne ich nur aus dem Fernsehen, über das Mittelalter habe ich Kenntnis aus erster Hand.«[12] Diese Antwort widerspricht kaum der Feststellung, daß auch Ecos Mittelalter ein Mittelalter im Lichte der (seiner) Gegenwart ist (sein, wie Eco an derselben Stelle sagt, »tägliches Imaginarium«). Wohl aber bestreitet Ecos Übertreibung den Anspruch der Gegenwart auf Unmittelbarkeit der Erfahrbarkeit und (gegenüber der Vergangenheit) größere Authentizität. Es ist nicht ausgemacht, daß »Erfahrungen« in der Straßenbahn authentischer sind als »Erfahrun-

---

10 Gesamtausgabe der Werke *(GA)*, Frankfurt a. M. 1969 ff., Bd. 5, S. 1514 f.
11 Gemeinsamkeiten und Differenzen zwischen Kassandra und Jona lassen nach der Bedeutung des »und« im Titel dieser Arbeit wie in einigen meiner früheren Bücher fragen. War es in *Kritik und Utopie* (1972) ein »und« fast im Sinne eines »als« (besonders in der Umkehrung: Utopie als Kritik), in *Weltentstehung und Kulturentwicklung* (1979) und in *Leviathan und Behemoth* (1984) ein eher additives, in *Ursprung und Ziel* (1986) ein »und« fast im Sinne eines beide in eins zusammenbringenden »=«, so steht das »und« im Titel der Konfiguration der beiden Sehergestalten zwischen additiver und adversativer Bedeutung: Kassandra wie Jona... Jona versus Kassandra ... Kassandra, Jona und/versus...? Zur Bedeutung des »und« vgl. auch K. Heinrich, *Vernunft und Mythos,* Frankfurt a. M. 1983, S. 108.
12 U. Eco, *Nachschrift zum ›Namen der Rose‹,* München 1984, S. 22.

gen« in der Bibliothek.[13] Die Reden im Bundestag, »live« gehört und gesehen, heute, sind nicht wirklicher als die Rede des Antonius bei Shakespeare oder die Rede des toten (Shakespeare-)Christus bei Jean Paul – nur schlechter. Ein gegenwärtiger Fernsehserienheld ist nicht wirklicher, nicht authentischer als die Helden vor Troja. Die Apollo-, Poseidon-, Herkules-, Saturn-, Atlas- Nike-, usw. – *Raketen* sind nicht *wirklicher* als die Götter, nach denen sie benannt sind. Sie sind jedoch um vieles mörderischer. Die Macht der Gegenwart über die Vergangenheit ist weniger eine der Erkenntnistheorie als eine der Waffentechnik. Denn mit der Vernichtung des Lebens heute würde das Gedächtnis aller vernichtet, die je gelebt haben. Gerade um der Rettung der Erinnerung willen ist *das* die gegenwärtige Gefahr, vor der die Erinnerung aufblitzt. Diese Gefahr ist real und zentral. Zentralität, Totalität, immerwährendes Wachstum (Täuschung und Realität zugleich) – das *ist* die Gefahr. Darum muß von Totalität und Wachstum die Rede sein, wo in einer historischen Konfiguration vom Heute die Rede ist. Darum aber muß in der Erinnerung das Marginale, das Kleine, das Unschein-bare in die Konfiguration eingehen, um die »Realtäuschung«: Totalität zu erkennen und zugleich zu bestreiten. »Jede geschichtliche Erkenntnis läßt sich im Bilde einer Wa⟨a⟩ge, die einsteht, vergegenwärtigen und deren eine Schale mit dem Gewesnen, deren andere mit der Erkenntnis der Gegenwart belastet ist. Während auf der ersten die Tatsachen nicht unscheinbar und nicht zahlreich genug versammelt sein können, dürfen auf der zweiten nur einige wenige schwere, massive Gewichte liegen.«[14]

---

13 Zur Authentizität, Phantasie und Lebendigkeit der »Bibliothek« sei nur auf Autoren wie Eco, J. L. Borges oder Arno Schmidt verwiesen (zugleich auf dessen »parallelen« Hinweis, man könne »wirkliche« Reisen nur auf dem Meßtischblatt unternehmen...), aber auch auf Flaubert, dessen *Versuchung des Heiligen Antonius* weder auf »Erfahrungen« noch auf Traumobsessionen zurückgeht, sondern auf die Verzettelungen z. B. der »Patrologia« Mignes, also nach der Titelformulierung von M. Foucaults Nachwort zur Ausgabe der *Versuchung* des Insel Verlags (Frankfurt a. M. 1966, S. 217–251, abgedruckt auch in: M. F., *Schriften zur Literatur*, Frankfurt a. M. 1979, S. 157–177) nichts anderes sind als: »Un ›fantastique‹ de bibliothèque«.
14 W. Benjamin, *Passagenwerk*, GS V,1, S. 585.

Nicht nur an Benjamin und Bloch schließt die »biblische Erinnerung« konfigurativ an, sondern auch und vor allem an das biblische Jonabuch selbst, das seinerseits im bezeichneten Sinne eine *Konfiguration* ist. Deshalb geht es beim Versuch, von Jona heute so zu erzählen, um eine Form, die der Erzählweise des biblischen Jonabuches selbst verpflichtet ist. Das Buch Jona ist ein biblisches Zeugnis konfigurativer Bibelauslegung, indem es Probleme seiner Zeit in der Form der historischen Erinnerung figuriert. Die (eigene) Zeit *im Erzählen* gefaßt!

Der Jona-Erzähler legt in der Form eines Midraschs ältere biblische Aussagen über wahre und falsche Prophetie in Verbindung mit Aussagen über Gott selbst aus, und er tut das, indem er – in nachexilischer Zeit – auf den in 2 Kön 14 erwähnten Jona ben Amittai zurückgreift und mit ihm auf die historischen Konstellationen der Zeit des Jona. So läßt er »seinen« Jona nach Ninive gehen, an jenen Ort schrecklicher Erinnerung Israels, der zur Zeit der Erzählung längst untergegangen *ist*. Jona aber erlebt in und mit Ninive, was ihn erst der nachexilische Erzähler dort erleben lassen kann und was ihn der nachexilische Erzähler *dort* erleben läßt, weil ihm diese Erinnerung im Lichte seiner Gefahr aufblitzt. Die Jona-Erzählung ist daher ihrerseits ein »historisches Bild« – und um so weniger eine historistische Erzählung. Der Erzähler sieht seinen Jona (und in ihm sich selbst) so an, als sei er in Ninive gewesen. So ist der Jona der Erzählung eine Figur der Rezeptionsgeschichte, einer Rezeption freilich, die der Verpflichtung »talmudischen« (avant la lettre) Erzählens »folgt«. Auch darin »folgt« die Jona-Erzählung der Anweisung aus dem Traktat Pesachim, daß in ihr das *Erzählen* aus dem *Entrinnen* lebt (s. o. S. 68 ff.).

Wie der Jona des Prophetenbuches ist auch Kassandra (bereits die Kassandra Pindars und der griechischen Tragiker, um so mehr die Schillers, Blochs und Christa Wolfs) eine Figur der Rezeptionsgeschichte. Erst im Erzählen von Kassandra entsteht die *Seherin* Kassandra, vollends die, deren Stimme ungehört bleibt und die, die am Gesehenen und Gesagten leidet.

Die Konfiguration hat die Form eines Essays mit Knüpfungen. Ist bei der Verwendung des Wortes »Knüpfung« die Teppichmetapher – und im Kontext der Theologiegeschichte die An-knüpfung an Klemens von Alexandrien und seine »Teppiche« *(stromateis)* – offenkundig, so trägt bereits die Form des »Essays«, ihr »teppichhaft« sich Verflechtendes, einen Verweis auf das Essayhafte der »stromateis« des Klemens.[15] In den Knüpfungen um »Jona und Kassandra« konnte in der Verbindung der »Textilmetaphern« von Ps 139 (s. o. S. 49 ff.) gezeigt werden, wie die hebräische Bibel »Text« und »Textil« zusammenbringt, wie sie in der Rede verbindet, was die lateinische Sprache etymologisch verknüpft. Zu den Text(il)metaphern in Ps 139 gehört auch die Rede vom »goläm-Knäuel« − ein »Knäuel« steht am Beginn des einzelnen Lebens. Zu den Text(il)metaphern des Psalms gehört aber auch die Aussage des Beters, Gott habe ihn (genauer: seine Nieren, d. h. den Sitz seiner innersten Gemütsbewegungen) »gewoben« und ihn »buntgewirkt«. Das hebräische Verb *rāqam* − buntwirken bedeutet im Arabischen auch: bunt *erzählen* (davon auch italienisch *ricamare* − Sommersprossen). Die Darstellungsform, die solcher text$_{i}^{ua}$len Kreativität entsprechen könnte, ist die des »Gewebes« mehr als die des »roten Fadens«, die des »Diwans« mehr als die des »Romans«, die des »Pointillismus« (*ricamare!*) mehr als die der »Linie«. Die Entgegensetzung von »rotem Faden« und »Text«, Einlinigkeit und Flächigkeit verbindet die Form der Darstellung mit dem Inhalt des in der Konfiguration zwischen Jona und Kassandra Erinnerten. Deshalb ist die Form nicht beliebig. Womöglich ist bereits das Postulat nach dem »roten Faden« eines Textes die Kapitulation vor der Einlinigkeit der Siegergeschichte. Wie es aber gelingen kann, der Forderung nach Einlinigkeit und Eindeutigkeit zu entgehen, ohne sich im Brei oder (wenig anders) inmitten der Nippesfiguren eines »posthistorischen« Salons wiederzufinden, wie es gelingen kann, der Forderung nach der Eindeutigkeit zu entgehen, ohne einem Pluralismus das Wort zu reden, der nichts anderes ins Recht setzt als das Gesetz des Stärkeren − das sind nicht nur Fragen der Darstellungsform und der Wissenschaftstheorie, sondern auch »Jonafragen«.

Die »textilen« Metaphern und die mit ihnen verknüpften Fragen sind (das zeigt gerade Christa Wolfs *Kassandra*) älter als die »Tep-

---

15 Th. W. Adorno, *Der Essay als Form,* in: *Noten zur Literatur,* hg. von R. Tiedemann, Frankfurt a. M. 1981, S. 21.

piche« des Klemens[16], doch haben sie in diesem *unheiligen* (nach
der Erklärung von Papst Benedikt XIV. im Jahre 1748) *griechischen*
(deshalb besser »Klemens« als das geläufigere »Clemens«) *Kirchen-*

---

16 Vor einem längeren Blick auf den »methodisch unmethodisch(en)« (nach
   Adorno, *Essay*, S. 21, ein Merkmal des Essayisten) Klemens ein Seitenblick
   auf die gegenwärtige Verwendung der Textilmetaphern in der Collage-
   Methode, wie sie für R. Fabers *Collage-Essay* kennzeichnend sind, vgl. bes.
   S. 12 über die »verworren...en Knäuel« (nach Sternes *Tristram Shandy*,
   VII, S. 27) u. S. 17 über Klemens. R. Krokowski, *Schwellenkundliche Versuche*, Berlin 1983, kritisiert Fabers Verfahrens- und Ausdrucksweise und
   dabei besonders seinen Verweis auf die matriarchale Textur. Das sei »Idylle
   einer kunstgewerblichen Provinzialität« (S. 140) und »archaische Bastelei«
   (S. 141). Die Kritik hat darin ihr Recht, daß sie auf die Gefahr regressiver
   Nostalgie verweist. Allerdings ist der Aufweis der Inkommensurabilität einer Terminologie und eines Verfahrens gegenüber den herrschenden Verhältnissen (im »Zeitalter des Betons, des Stahls, des Kunststoffs, des Cellu-
   loids, der Elektronik und der Atomphysik« (S. 140) – die Erwähnung des
   Zelluloids in dieser Reihe dürfte wohl die Funktion haben, Krokowskis
   eigene »Filmmetaphern« gegen den gegen Faber erhobenen Vorwurf zu im-
   munisieren) ebensowenig eine hinreichende Kritik wie die Empfehlung der
   Akkomodation an die je avanciertesten Techniken ein Heilmittel wäre.
   Kunst und Handwerk sind im »Kunsthandwerk« nur scheinbar vereint, und
   das Absinken des einst dem »Stoff« angemessenen Handwerks ins »Kunst-
   gewerbliche« entspricht dem Verfall von Kritik zu Nostalgie. Doch sichert
   die Zeitgemäßheit einer Technik oder einer Auslegungskunst ebensowenig
   vor der Kritiklosigkeit, in die, was *up to date* ist, nicht erst umschlagen
   muß. Die Überlieferung der Textilmetaphorik verbürgt weder die Wahrheit, noch ist mit der Überlieferung selbst, und wäre sie noch so »anachro-
   nistisch«, schon die Unwahrheit verbürgt. Deshalb bedarf es eines zwiespäl-
   tigen Verfahrens; man muß »in jedem Augenblick in den Sachen und außer
   den Sachen sein« (Adorno, *Minima Moralia. Reflexionen aus dem beschä-
   digten Leben*, Frankfurt a. M. 1969, S. 91). Die Ideologiekritik bedarf des
   Standpunkts, und gleichzeitig darf dieser Standpunkt nicht in dem Sinne
   fest sein, daß er dieser Kritik entzogen wäre. H. Kippenberg hat das auf
   dem »Vorsatzblatt« seiner Studie *Religion und Klassenbildung im antiken
   Judäa*, StUNT 14, Göttingen 1978, in einem doppelten Motto formuliert.
   Zuerst zitiert er einen Satz aus der VI. der »Thesen über den Begriff der
   Geschichte« Benjamins: »In jeder Epoche muß versucht werden, die Überlieferung von neuem dem Konformismus abzugewinnen, der im Begriff
   steht, sie zu überwältigen«. Danach, dazu, dagegen, darüber stellt Kippenberg einen Satz der hebräischen Bibel, Lev 25, 46: »Nicht soll einer über
   seinen Bruder mit Gewalt herrschen«.

vater einen ehrwürdigen Gewährsmann. Zu bedenken ist gerade im Kontext einer heutigen Konfiguration der schlechte Ruf, den dieser Kirchenvater in der Theologiegeschichte hat. Nach A. Adam, *Lehrbuch der Dogmengeschichte*, 1, Gütersloh ²1970, gehört er »selber nicht zu den systematischen Denkern« (S. 173), ist ein »philosophische(r) Eklektiker« (S. 174), hat »neben der biblischen Bezeugung überall die philosophische Begründung aufgesucht, ohne die verwendeten philosophischen Begriffe stets im gleichen Sinne zu benutzen« (S. 174). Klemens selbst ist sich über den »methodisch unmethodischen« Charakter seines Werks ebenso im klaren, wie er seine Leser nicht im unklaren läßt:

»Nun wachsen auf der Wiese die Blumen bunt durcheinander, und in einem Park sind die Fruchtbäume nicht so angepflanzt, daß jede Art für sich stünde und von den anderen geschieden wäre. Und so haben manche Schriftsteller auch Schriften mit den Titel ›Wiesen‹ oder ›Helikonberge‹ oder ›Honigwaben‹ oder ›Prachtkleider‹ verfaßt, indem sie gelehrte Sammlungen mit bunten Blüten ausschmückten. Und auch unser eigenes Werk, das wir ›Teppiche‹ genannt haben, gleicht einer Wiese, da wir in ihnen absichtlich in bunter Mannigfaltigkeit das bringen, was uns gerade in den Sinn kam und was wir weder nach einem genauen Plan ordnen noch stilistisch sorgfältig ausfeilen wollen.« (*Teppiche*, VI,2,1)

oder:

»Unsere ›Teppiche‹ gleichen aber wohl nicht jenen sorgfältig angelegten Gärten, in denen zur Ergötzung der Augen alles in schöner Ordnung angepflanzt ist, sondern eher einer schattigen Berghalde, auf der Zypressen und Platanen, Lorbeer und Efeu dicht beieinander wachsen und auf der zugleich auch Apfelbäume und Ölbäume und Feigenbäume angepflanzt sind, indem wegen der Leute, die das Obst heimlich wegnehmen und stehlen wollen, mit Absicht Obstbäume und Bäume ohne genießbare Früchte untereinander gepflanzt sind; ebenso wollte der eigentliche Inhalt meiner Schrift verborgen bleiben. Wenn der Gärtner aus einem solchen Wald die Bäume umpflanzt und versetzt, so kann er aus ihm einen schönen Park und einen lieblichen Hain herstellen.« (VII, 111,1 f.)

Modern mutet ein Vorwurf an, mit dem sich der Exeget und Theologe Klemens auseinanderzusetzen hatte: er lasse sich zu sehr mit der Philosophie ein (heute werden eher Politik und Ökonomie genannt, denen gegenüber der Theologe sich auf das »Eigentliche« zu besinnen habe):

»Ich kenne freilich ganz gut das Gerede mancher Leute, die törichterweise vor jedem Geräusch erschrecken und behaupten, man müsse sich nur mit dem Nötigsten und nur mit dem beschäftigen, was für den Glauben unentbehrlich ist, dagegen müsse man das, was darüber hinausgehe, und alles Überflüssige übergehen, da es unsere Kraft unnütz aufreibe und uns bei dem festhalte, was für das Endziel nichts beitrage. Andere glauben sogar, daß die Philosophie vom Übel sei und zum Verderben der Menschen durch irgendeinen bösen Erfinder in unser Leben eingedrungen sei.« (I, 18, 2 f.)

Was nun die Aufnahme des Werks angeht, so korrespondiert dem »Methodisch-Unmethodischen« etwas »Bescheiden-Unbescheidenes«: »Denn finden wird meine Schrift den einen Leser, der sie versteht« (IV, 2,2).[17]

---

17 Vermutlich eine Anspielung auf Platon, *Politikos*, 301B; 309CD, vgl. die Anmerkung von O. Stählin in der Ausgabe der Kemptner Kirchenväter (der auch die o. a. deutschsprachigen Zitate entnommen sind) z. St. mit dem Rückverweis auf Strom I, 182,1 mit Anm. 4. Dann freilich überwöge bei weitem das Unbescheidene, wäre doch der *eine* Leser Gott selbst...
Würde nicht bereits der Umfang des Rekurses auf Klemens erkennen lassen, wie sehr mir an dem methodisch-unmethodischen unheiligen Exegeten als Gewährsmann für eine essayistische Bibelauslegung gelegen ist, so täte es wohl der folgende Abschnitt aus der Charakterisierung des Klemens bei H. v. Campenhausen, *Griechische Kirchenväter*, Stuttgart 1955, S. 38:
»Ein durchlaufender Gedankengang ist in den ›Teppichen‹, wie gesagt, kaum festzustellen. Aber die größte Schwierigkeit für das Verständnis entsteht durch das ständige Wechseln nicht nur des Themas, sondern auch der Blickrichtung, der Vortragsweise und der geistigen Höhenlage der Erörterung. Sie orientiert sich immer wieder an der Bibel, die auch unbeabsichtigt anklingt und die ganze Rede durchdringt. Aber daneben werden Dichter und Philosophen ebenfalls reichlich zitiert, und Klemens folgt ihnen streckenweise sehr weit. Er geht auf Einwände und abweichende Meinungen ein, er scheint wie in einem ständigen, Rücksicht nehmenden Gespräch hin und her zu pendeln, zu fragen, zuzuhören, zu erörtern, um dann mit einigen Vorbehalten doch wieder weiterzugehen und selbständig fortzufahren. Klemens scheut nicht das Urteil und eigene Stellungnahme; aber sie haben oft

Die in der Konfiguration auftretenden gelegentlichen Gewichtsver-
schiebungen zwischen »Text« und »Knüpfungen« können sich auf
die Erzählweise des biblischen Jonabuches (und mancher »Kassandra«-Texte) berufen. Das biblische Jonabuch selbst ist (in der be-
schriebenen Weise) zu lesen als »Anmerkung« zur Nennung des
historischen Jona in 2 Kön 14, aber auch als »Anmerkung« zu Ex
34, genauer: als »Verknüpfung«, als ausgeführtes »und« zwischen
den Prädikationen JHWHs − den »13 Eigenschaften Gottes« der
späteren jüdischen Theologie. Gott ist (darauf gehen im Kern jene
»13 Eigenschaften«) Liebe *und* Gerechtigkeit. Was ist das für ein
»und«? − Das ist eine Jona-Frage! Das Jonabuch ist aber auch zu
lesen als Anmerkung zur Rolle des Propheten und zur Frage nach
den Kriterien der Unterscheidung wahrer und falscher Prophetie,
wie sie in Dtn 18 *und* (was ist das für ein »und«?) in Ez 18 neben-
und gegeneinander stehen. Wie kann Wahrheit *und* Gerechtigkeit
sein? − Das ist eine andere Jona-Frage!

Die Anmerkungen, die »Knüpfungen«, die das Jonabuch nicht
nur enthält, sondern selbst *ist*, sind umfangreicher als einige der
Texte, gegenüber denen sie als »Anmerkung« fungieren. In der Relation zwischen den Texten kann sich das Verhältnis von »Text«
und »Knüpfung« umkehren. Man kann ja auch die Gottesprädika-
tionen in Ex 34 als *begriffsbestimmende* Anmerkung zum *erzählenden* Jona-Text lesen. Das Verhältnis von »Begriff« und »Erzäh-

---

nur vorläufigen Charakter, er scheint den Gegenstand nicht ganz erschöpft
zu haben und verweist auch ausdrücklich auf spätere Darlegungen. Man hat
den Eindruck, als habe er ein Ganzes im Auge, auf das er zusteuert und das
ihm doch immer wieder entgleitet, das sich nicht fassen läßt. Aber diese
Vieldeutigkeit und Wirrnis der Darstellung, die zum Weiterdenken und
Weiterfragen hindrängt, ist durchaus gewollt. Klemens ist gewiß kein stren-
ger systematischer Denker; aber man täte ihm Unrecht, wollte man sein
ausdrückliches Bekenntnis zu diesem wunderlichen Stile nur als verschäm-
tes Eingeständnis der eigenen Hilflosigkeit interpretieren oder auch als ein
vorsichtiges Ausweichen vor der Kritik, die sich an dieser literarischen, frei-
en Erörterung heiliger Dinge möglicherweise stoßen könnte. Klemens hat
es zu Beginn des Werkes und auch sonst oft und klar genug gesagt, warum
er sich dazu entschließen mußte, die Gesichtspunkte und Maßstäbe zu
wechseln und die Regellosigkeit zum Prinzip zu machen. Die Methode
folgt für ihn aus dem Wesen der Sache, der sie dienen soll.«

lung« kann dabei dem von Halacha (Weg, Weisung) und Haggada, Aggada (Erzählung) als den beiden Teilen des Talmud verglichen werden. Wie sich eine Halacha eine Aggada suchen kann, so kann eine Aggada in eine Halacha einmünden. Doch bleibt die Aggada Geschichte und damit mehr als die Illustration einer Lehre, und die Halacha bleibt Weisung und damit mehr als »die Moral von der Geschicht'«.

Wenn alle Theologie »Schriftauslegung« ist, so geht es im Verhältnis von Exegese und Dogmatik um die Relation zweier Weisen der Bibelauslegung. Die Jona-Kassandra-Konfiguration ist ein Plädoyer für eine Verknüpfung zwischen dem Narrativen und der Arbeit am Begriff, zwischen Erzählung und Lehre nach dem Vor-Bild der Relation von Aggada und Halacha. Sie ist zugleich ein Plädoyer für eine »Kette« der Schriftauslegung nach dem Vor-Bild der Auslegung, die in der Bibel selbst beginnt (nämlich wo sie – wie z. B. im Falle des Jonabuches – selbst biblische Texte auslegt) und die sich fortsetzt über die Mischna, die die Bibel auslegt, und die Gemara, die die Bibel auslegt, indem sie die Mischna auslegt, und so weiter. Darin ist die hier vorgelegte Konfiguration inhaltlich und methodisch ein Beitrag zu einer biblischen Theologie. Sie möchte aber vor allem anderen als Auslegung eines biblischen Textes gelesen werden.

Namenregister

161